D1717436

IM FADENKREUZ DER KÜSTENWACHEN

HANS PETERSEN

Im Fadenkreuz der Küstenwachen

und andere Storys
aus der Hochseefischerei

Verlag H. M. Hauschild GmbH, Bremen

Für den Arbeitskreis Geschichte der deutschen Hochseefischerei
in Zusammenarbeit mit dem
Deutschen Schiffahrtsmuseum, Bremerhaven,
herausgegeben von Ingo Heidbrink

© 2003 Deutsches Schiffahrtsmuseum, Bremerhaven
Verlag H. M. Hauschild GmbH, Bremen
Gesamtherstellung: H. M. Hauschild GmbH, Bremen

ISBN 3-89757-185-4

Inhalt

Vorwort

Das gewöhnliche Wörterbuch reicht nicht aus, wenn man
die Spiele des Ozeans beschreiben will. (Frantisek Kožík)

„Im Fadenkreuz der Küstenwachen", eine Situation, in der sich nahezu jeder Hochseefischer mindestens einmal während seiner Fahrenszeit befunden hat. Zu Recht oder Unrecht, beides gehörte seit dem Auslaufen des ersten Fischdampfers von der Wesermündung im Jahre 1885 zum Alltag der
Fischerei. Wie die jeweilige Situation sich im Einzelfall entwickelte, hing
dabei nicht nur von den im Verlauf der Zeit immer vielschichtiger und
unübersichtlicher gewordenen gesetzlichen Bestimmungen ab, welche die
Hochseefischerei gerade in der Nähe fremder Hoheitsgewässer zu beachten
hatte, sondern mindestens im selben Maß von den beteiligten Besatzungen
der Küstenwachboote und Trawler.
In der Retrospektive, die Hans W. Petersen aus den Erinnerungen der Fischer und verschiedensten Archivalien in dem hier vorliegenden Band
erarbeitet hat, mag für den Leser die eine oder andere Situation zum
Schmunzeln sein, doch für die Betroffenen war es stets zunächst bitterer
Ernst. Einer möglichen Verurteilung aufgrund eines durch die Küstenwache festgestellten Fischereiverstoßes folgte nicht nur stets eine beträchtliche
Geldstrafe für die Fischerei, sondern es drohte neben der zusätzlichen Be-
schlagnahme des bisherigen Fanges immer das Damoklesschwert des Pa-
tententzuges und damit des Verlustes der persönlichen beruflichen Exis-
tenz.
Wie bereits in seinem vorhergehenden Buch (Im Würgegriff des Schwarzen Frostes) hat es Petersen erneut verstanden, aus dem im „Arbeitskreis
Geschichte der deutschen Hochseefischerei" am Deutschen Schiffahrtsmuseum vorhandenen Wissen und aus den Erinnerungen zu schöpfen. Erneut
ist dank sorgfältiger Recherche und dem Abgleich der verschiedenen erin-
nerten Varianten ein und desselben Vorfalls nicht eine beliebige Sammlung
von Seemannsgeschichten aus dem Bereich der Hochseefischerei entstanden, sondern eine sozialgeschichtliche Quellensammlung, die einen wirkli-
chen Zugang zu einem nahezu vergangenen Alltag der maritimen Arbeits-
und Lebenswelt ermöglicht.
Der Auswahl der Erinnerungen und Ereignisse für diese Ausgabe ist es zu
danken, dass der gesamte Alltag der Hochseefischerei als eine für die meisten Leser unzugängliche Welt deutlich wird. „Im Fadenkreuz der Küstenwachen" zu sein, das hieß nicht nur, sich auf See mit den Fischereiinspek-
toren auseinanderzusetzen, sondern oft genug fand sich der Kapitän eines
Trawlers vor den Schranken eines ausländischen Gerichtes wieder. Gerade

hier waren es zumeist nicht juristische Winkelzüge, die das Geschehen bestimmten, sondern eine für die Hochseefischerei typische geradlinige und pragmatische Denk- und Argumentationsweise, die half, den Konflikt zu lösen und zu vermeiden, dass letztlich ernsthafte zwischenstaatliche Auseinandersetzungen daraus entstanden.

Dass genau diese Haltung in anderen Zusammenhängen zugleich Spielräume offen ließ, sich den oft monotonen Alltag mehrmonatiger Fangreisen mit einem Schuss Humor zu erleichtern, zeigt geradezu überdeutlich die „Mär vom Muli auf der MELLUM". Ohne jede bewusste Planung und gleich über mehrere Schiffe sowie sogar die innerdeutsche Grenze hinweg half das Grautier, den schier endlosen Wechsel zwischen wenigen Stunden Schlaf und manchmal nahezu stupider Arbeit an Bord unbeschadet zu überstehen. Aber selbst im heimatlichen Hafen drohte das Ungemach, wie der „Gefährliche Heimweg bei Dunkelheit und Glatteis" zeigt. Ganze Fangreisen hingen oft genug davon ab, ob und wie das selbstverständliche Miteinander in der Welt der Fischerei funktionierte.

Neben Ereignissen, wie sie im Fall des „Glückstreffers" prinzipiell auch an Land passieren konnten, sammelte Petersen gerade solche, wie sie nur in der Hochseefischerei möglich waren. Die Auseinandersetzung mit den Naturgewalten der Ozeane („Hinter der weißen Wand lauerte der Tod") kommt dabei ebenso zum Tragen wie die Begegnung der Fischer mit ihnen völlig fremden Kulturkreisen und Gesellschaftssystemen („Menschenjagd in Mexiko").

Insgesamt bleibt diesem Band nur ein genauso reges Interesse zu wünschen, wie es sein Vorgänger erhalten hat. Die Hochseefischerei, ihr Alltag, ihre Besonderheiten, der von ihr geprägte Menschenschlag – all dies ist auch in den Tagen, in denen die deutsche Fangflotte nur noch aus wenigen Schiffen besteht und die Fischereihäfen immer mehr zu gesichtslosen Industriegebieten mutieren, nicht nur ein Stück Geschichte der Fischereistandorte, sondern wesentliche Grundlage ihrer Identität.

Petersen zeichnet mit den hier vorliegenden Geschichten aus der Welt der Hochseefischerei ein Bild wesentlicher Charaktereigenschaften derjenigen, ohne die diese Identität nie hätte entstehen können, der Menschen an Bord der Fischereifahrzeuge und in den Fischereihäfen. Ein Bild, in dem jegliche Romantik von Anfang an fehl am Platz ist, das vielmehr zeigt, wie trotz schwerster Arbeit und permanenter Konfrontation mit den Naturgewalten Lebensqualität und ökonomische Prosperität entstehen konnten.

Wenn heute die Fischereihäfen zu beliebigen Industriegebieten werden oder Tourismusattraktionen ohne jeden inhaltlichen Bezug hier angesiedelt werden, dann scheint es umso wichtiger, sich dieser Identität bewusst zu werden – zu erkennen, dass trotz des Verlustes der Fanggebiete und damit des größten Teils der deutschen Hochseefischereiflotte weiterhin sowohl der Faktor Fisch Entwicklungspotentiale beinhaltet als auch die Fischereistandorte mit ihren Menschen ein Know-how entwickelt haben, das zukunftsfähig ist, auch wenn es nicht mehr nur in der Fischerei genutzt werden kann.

Fischerei bedeutete stets, mit der Hoffnung auf guten Fang zu neuen Fanggründen auszulaufen. Eine qualifizierte Crew und ein gut ausgerüstetes Schiff waren hierfür Grundvoraussetzungen. Ob die Reise letztlich ein Erfolg wurde oder nicht, hing jedoch von einer Vielzahl weiterer Faktoren ab. Dennoch, auch wenn die vorhergehende Reise gescheitert war, stand es für die an der Fischerei Beteiligten unbeirrbar fest, dass nicht nur zur nächsten Reise aufgebrochen werden musste, sondern diese erneut die Chance auf gute Fänge bot. Die im „Arbeitskreis Geschichte der deutschen Hochseefischerei" von Petersen gesammelten Geschichten zeigen eindrucksvoll die Charaktereigenschaften derjenigen, die immer wieder diesen Mut aufbrachten und die bis heute das Leben in den Fischereistandorten prägen.

„Im Fadenkreuz der Küstenwachen" ist zunächst eine Sammlung sozialgeschichtlicher Quellen zur deutschen Hochseefischerei, im weiteren Sinne vielleicht auch eine Skizze der Mischung aus Traditionen und Wagemut, die für die Hochseefischerei typisch war und für ihre Standorte prägend geblieben ist und bleiben sollte. Darüber hinaus ist es nicht zuletzt ein Buch, das ein unterhaltsames Fenster in die fremde Welt des Meeres und derjenigen, die auf ihm arbeiten, öffnen kann und vielleicht etwas dazu beiträgt, über eine Erkenntnis Joseph Conrads mit einem ganz neuen Blickwinkel nachzudenken: „Außerhalb wie innerhalb des Meeres gab es gleichermaßen wunderliche Fische."

Bremerhaven, im Mai 2003   *Ingo Heidbrink*

Gefährlicher Heimweg bei Dunkelheit und Glatteis

Welch scheußliches Amtsdeutsch: Unfall mit Personenschaden. So steht es heute noch und allzu häufig in Protokollen und anderen Dokumenten. Als ob Menschen aus Blech wären und sich beschädigen ließen wie ein Auto bei einem Aufprall. Unfall mit Verletzten, das klingt doch viel angemessener, menschlicher. Wenn ein solcher Unfall mit einem oder mehreren Verletzten auf einem Schiff geschah, musste er nicht wie ein Bordunfall mit tödlichem Ausgang vor dem Seeamt verhandelt werden, sondern fiel in der Zeit um 1900 in die Zuständigkeit des jeweiligen Hafenamtes. Zumindest im bremischen Bremerhaven und im damals noch preußischen Geestemünde war das so. Stets vorausgesetzt, es fand sich jemand, der dem Amt den Vorfall auch anzeige. Oft besaß der Geschädigte selbst – Verzeihung: der Verletzte – nicht die Möglichkeit, von sich aus die Behörde von seinem Missgeschick in Kenntnis zu setzen, weil er vor sich hin dämmernd im Hospital lag, oder er verspürte dazu nicht die geringste Neigung, weil er den Unfall durch Schusseligkeit, Ungeschick, Fahrlässigkeit, gar durch Trunkenheit (soll bei Seeleuten schon einmal vorgekommen sein) selbst verschuldet hatte. Wer gibt sich schon mit einer Selbstbezichtigung ohne Not allgemeinem Gespött preis.

Sogar übergroßer Arbeitseifer bildete schon einmal das Motiv für eine Meldung beim Hafenamt. Erstattet hatte sie am 8. November 1897 ein Kapitän P. Meyer aus Warsingsfehn, der den in Bremerhaven beheimateten Fischdampfer „Uranus" des Reeders G. Ihlder jr. führte. Was war geschehen? Matrose Jürgen Burgeleit hatte während der vorausgegangenen Fangreise im Oktober gelegentlich die Gummistiefel des Netzmachers angezogen und sich damit zur Arbeit in den Fischraum begeben. Da ihm das fremde Schuhwerk nicht passte, sondern es im Gegenteil stark scheuerte, zog er sich eine Wunde an einem Fuß zu, die alsbald heftig zu eitern begann. Dem Kapitän verheimlichte er sein Missgeschick beharrlich. Er gestand erst, als Meyer ihn sich zur Brust nahm und energisch nachfragte, warum er plötzlich nicht mehr arbeiten könnte. Das Hafenamt schloss sich später der Diagnose der Ärzte im Städtischen Krankenhaus an, die da lautete: „Die Verletzung wird voraussichtlich keine Erwerbsunfähigkeit von mehr als 13 Wochen zur Folge haben."

Jürgen Burgeleit – das ist bekannt – wurde trotzdem ein tüchtiger Fischdampferkapitän. Er ging sogar mit einer spektakulären Rettungsaktion, die seine eigene Besatzung und ihn selbst betraf, in die Geschichte der Hochseefischerei ein. Der unter seinem Kommando stehende, in Bremen registrierte Fischdampfer „Württemberg" der Dampffischereigesellschaft

Schiffsversammlung an der Geestekaje in Geestemünde um 1895. Vorn ist
Fischdampfer „Friedrich" (PG 32) der Reederei F. Busse zu erkennen, in der
Bildmitte die „Minna" (PG 45) der Reederei F. Pust (DSM-Archiv)

„Nordsee" war am 18. Februar 1906 um 5.30 Uhr in tiefschwarzer Nacht
auf dem gefürchteten Skeiðarsandur im Süden Islands gestrandet und er-
litt so das gleiche Schicksal wie vordem und danach viele andere Schiffe
auch. Vielfach bedeutete solches Unglück für die Seeleute schwerste Verletzungen, abgefrorene Gliedmaßen oder gar den Tod, weil sie sich in der un-
wirtlichen Landschaft ohne Wegweiser und Lichtzeichen, fernab einer be-
wohnten Ortschaft, notgedrungen verirrten und die Retter zu spät eintra-
fen. Kapitän Burgeleit und seinen zwölf Fischerleuten jedoch gelang es als
ersten Schiffbrüchigen im Süden Islands, in einem zweitägigen Gewalt-
marsch durch die Sumpfwüste bei sechs bis acht Grad Kälte und eisigem
Wind eine 1904 fertiggestellte Schutzhütte zu erreichen, in der sie reichlich
Vorräte an Lebensmitteln, dazu Petroleum, Kerzen, Streichhölzer, Ver-
bandszeug und Medikamente vorfanden. Alle 13 wurden gerettet. Die Zei-
tungen, nicht nur die regionalen, berichteten damals ausführlich über den
glücklichen Ausgang des dramatischen Geschehens.
Über den skurrilen Unfall dagegen, der sich am 17. Dezember 1896 um
1 Uhr, einem Donnerstag übrigens, an der Geeste auf der Geestemünder
Seite an Bord – genauer: an der Bordwand – des erst gut zwei Monate zuvor in Dienst gestellten Fischdampfers „Köln" ebenfalls der Dampffischereigesellschaft „Nordsee" mit dem Heimathafen Bremen ereignete,
sind – und das verwundert – gerade einmal die dürren Aufzeichnungen des

Hafenamtes im Staatsarchiv Bremen zwar erhalten geblieben, der Öffentlichkeit jedoch bislang nicht bekannt geworden. In den lokalen Tageszeitungen lässt sich über das nächtliche Geschehen nicht der dürftigste Hinweis entdecken. Offenbar sah niemand von den Beteiligten (Augenzeugen gab es um diese späte Stunde und in dieser dunklen Ecke sicherlich nicht) einen Anlass, den Redakteuren einen Tipp zu geben. Ob vielleicht Alkohol im Spiel war? Nachweisen ließ sich das nicht, aber einen vorsichtigen Verdacht könnte man wohl äußern, wenn man rückblickend Vorgeschichte und Hergang des Unfalls überdenkt.

Nicht der geringste Hinweis in der lokalen Presse? Doch halt! In der in Geestemünde erschienenen „Provinzial-Zeitung" vom 17. Dezember 1896 findet sich eine Fünfzeilenmeldung vom 16. Dezember, die Einiges erklären könnte. Ihr Wortlaut: „Fischdampfer ‚Köln' ist gestern bei Helgoland auf Grund gewesen, aber ohne fremde Hilfe wieder flott geworden. Er sollte heute behufs Bodenbesichtigung in Seebeck's Dock legen. Nennenswerten Schaden hat der Dampfer jedenfalls nicht davongetragen, da er dicht geblieben ist."

Es war folglich nichts Nennenswertes außer der peinlichen Tatsache an sich passiert, und das Seeamt sah deswegen keine Notwendigkeit, sich mit dem Vorfall zu beschäftigen. Dennoch – welcher Kapitän ärgert sich nicht, wenn ihm ausgerechnet in heimischen Gewässern solches Ungemach widerfährt, das sogar in der Zeitung erwähnt wird, und wer fühlt sich in dieser Situation nicht bemüßigt, den Ärger mit einem guten Schluck von der Seele zu spülen.

Ein weiteres Verdachtsmoment dafür, dass der „Köln"-Schiffer, Kapitän Heinrich Hermann Schlömer*), 47 Jahre alt und aus Papenburg stammend, zu tief ins Glas geschaut haben könnte, wäre dem aktenkundig gewordenen Umstand abzuleiten, dass der Bremerhavener Gastwirt Egbert Ebkes, damals 46, es sich nicht nehmen ließ, seinen Stammgast und Freund von seiner Bremerhavener Kneipe auf dem beschwerlichen Umweg über die Brücke, die Bremerhaven und Geestemünde miteinander verbindet und über die Geeste (damals, heute nicht mehr Grenzfluss) führt, zum Liegeplatz des Fischdampfers zu begleiten. Vielleicht praktizierte er diese Fürsorge, um den augenscheinlich nicht mehr sicher auf seinen Füßen stehenden und gehenden Schlömer zu stützen, vielleicht hatten aber beide das Bedürfnis, sich gegenseitig Halt zu geben. Schließlich war der Weg auch deswegen unbequem und nicht ungefährlich, weil es in dieser Dezembernacht gefroren hatte und der Boden entsprechend rutschig war. Allein das Glatteis wäre ein aller Ehren werter Anlass für Egbert Ebkes gewesen, einen angenehmen und zahlungskräftigen Freund auf den rechten Weg und un-

---

*) Schlömer selbst schrieb seinen Namen mit „oe", also Schloemer, aber alle heutigen Schlömers in Papenburg sind von dieser Schreibweise längst abgerückt.

Gesine Ebkes, Witwe des Kapitäns und Gastwirts Egbert Ebkes, führte das nach ihm benannte Restaurant zuletzt bis Ende 1910 in Bremerhaven im Hause „Am Deich 48" (DSM-Archiv)

versehrt zum Schiff zu bringen. Aber es hätte wohl auch andere, nachvollziehbare, geschäftliche Gründe für den nächtlichen Spaziergang zu zweit gegeben. Ebkes, ein ehemaliger Fischdampferkapitän, besaß zwar eine Konzession als „Wirth" und eine beliebte Kneipe im Hause Am Deich 10, betätigte sich aber auch als Heuerbaas und unterhielt daher mit Fischdampferkapitänen vielfältige Kontakte, etwa um schnell Ersatz für einen abgängigen Matrosen zu finden. Und dieser Fall trat häufig genug ein.

Als beide endlich am Schiff eintrudelten, geschah ein Fehltritt, und die dramatischen Ereignisse nahmen ihren zum Glück nur wenige Minuten währenden Lauf. Kapitän Schlömer wollte auf sein Schiff übersteigen, rutschte auf dem glatten Boden aus, schlug mit dem Kopf auf die Reling und fiel in Höhe des Wants, mit dem der Großmast am Vorschiff befestigt ist, kopfüber zwischen Kaje und Bordwand in die Geeste. Egbert Ebkes, sein fürsorglicher Begleiter, handelte geistesgegenwärtig und reaktionsschnell. Ohne auch nur einen Gedanken darauf zu verschwenden, dass er selbst in Lebensgefahr geraten könnte, sprang er über die Reling, schaffte es in allerletzter Sekunde, Schlömers Füße zu ergreifen und hielt den Kapitän, der

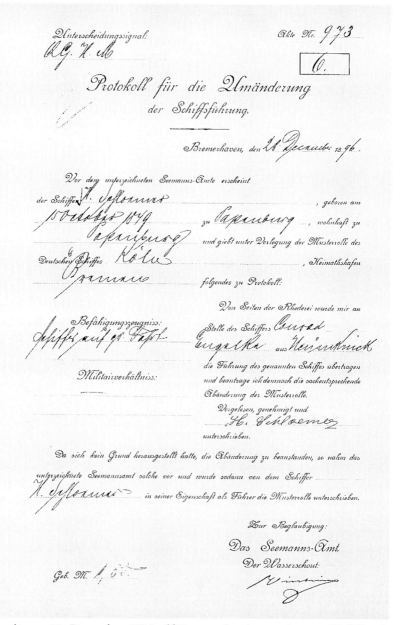

Bereits am 28. Dezember 1896, elf Tage nach seinem schweren Unfall, gab Kapitän Heinrich Hermann Schlömer vor dem Seemanns-Amt zu Protokoll, dass er die Schiffsführung über den Fischdampfer „Köln" wieder übernommen hatte (Staatsarchiv Bremen)

keine Reaktion mehr zeigte, mit dem Kopf über Wasser. Von dem Lärm erwachten vier Besatzungsmitglieder: Steuermann Ernst Könnecker, der 1. Maschinist Carl Kaiser, der 2. Maschinist Hansen und Netzmacher Richard Hütting. Sie eilten nach oben und zogen ihren Schiffer sowie seinen Retter an Deck.

Schlömer war bewusstlos. Die Vier trugen ihn behutsam in die Kajüte. Der Steuermann wusch die Kopfwunden, die sich Schlömer beim Sturz auf die Reling zugezogen hatte, mit reinem Wasser und bedeckte sie mit Salizylwatte und Heftpflaster. Ebkes war unverletzt geblieben und verließ alsbald das Schiff.

Ein Wagen brachte den Kapitän am Morgen in das Städtische Krankenhaus. Die Ärzte stellten Abschürfungen im Gesicht, eine Verletzung der Ohrmuschel und eine Anschwellung im Genick fest. Die Diagnose „Gehirnerschütterung" fand zwar keine Erwähnung im Protokoll, aber die Ohnmacht deutete zumindest auf diese weitere Unfallfolge hin.

SCHIFFSBIOGRAFIE

Der Kaufmann und Reeder Adolph Vinnen war die treibende Kraft, als eine Gruppe Bremer Kaufleute im April 1896 die Dampffischereigesellschaft „Nordsee" gründete. Vinnen setzte von Beginn an auf eine dynamische Geschäftspolitik. Als erstes gab er beim Bremer Vulkan zwei Neubauten in Auftrag, die im gleichen Jahr unter den Namen „Aachen" und „Köln" auf Fangreisen gingen. Bereits vorher hatte die „Nordsee" die sieben nicht viel älteren, aber bereits in Fahrt befindlichen Fischdampfer „Bremen", „Bremerhaven", „Lehe", „Schönebeck", „Vegesack", „Wulsdorf" und „Blumenthal" des Bremerhavener Reeders Johann Friedrich Lampe angekauft.

Dem ersten, wenige Wochen vor der „Köln" abgelieferten Neubau, der „Aachen" (BX 118), war nur ein kurzes Dasein beschieden; der Dampfer wurde schon im Jahre 1898 als „verschollen bei Helgoland" registriert. Das Schwesterschiff „Köln" mit der Registriernummer BX 125 war zwar in mancherlei Havarien verwickelt, hatte dabei aber meist Fortuna auf seiner Seite. Bis Ende 1914 unternahm die „Köln" zahlreiche Fangreisen, die überwiegend in die südliche und mittlere Nordsee führten. Für die Island-Fahrt erwies sie sich als ungeeignet. Im Oktober 1910 verkaufte die „Nordsee" ihren Oldtimer an die Deutsche Hochseefischerei Ges. Bolte & Steenken GmbH; er trug fortan die Registriernummer BX 98. Nach Ausbruch des Ersten Weltkrieges wurde der kleine Fischdampfer aus der BX-Liste gestrichen, weil die Kaiserliche Marine ihn zum Kriegsdienst eingezogen hatte. Die „Köln" stand kurz davor, aus dem Dienst der Militärs entlassen und wieder zum Fischfang eingesetzt zu werden, da geschah das Unglück: Nach einer Kollision sank das Schiff am 10. August 1917 in der Ostsee in Höhe Gedser an der Boje III.

Fischdampfer „Köln" Ende des 19. Jahrhunderts im Hafen (DSM/Nordsee-Archiv)

Die Liste der Unfälle, an denen die „Köln" in ihren 19 Jahren als Fischdampfer beteiligt war, ist lang und vermutlich nicht einmal vollständig. Schon bei der ersten Ausfahrt, die nur von der Werft bis Vegesack führen sollte, rammte der Dampfer Mitte September 1896 die Kaimauer des Bremer Freihafens und musste aufwändig am Vorschiff repariert werden. Dadurch verzögerte sich die eigentliche Probefahrt, die das Schiff erst am Mittwoch, dem 4. Oktober 1896, von Bremerhaven weseraufwärts bis Sandstedt absolvierte. Das Ergebnis überzeugte: Die „Köln" genügte allen Anforderungen. Schon tags darauf verließ das Schiff Bremerhaven zu seiner ersten Fangreise. Gut zwei Monate später registrierte der Germanische Lloyd die für Schlömer so ärgerliche Strandung am 15. Dezember 1896 bei Helgoland, die jedoch glücklich ausging: Das Schiff kam aus eigener Kraft frei, lief in Geestemünde ein, und die Bodenbesichtigung im Dock ergab, dass der Rumpf unbeschädigt geblieben war.

Die beiden nächsten Unfälle betrafen die „Köln" nur mittelbar; sie kam vielmehr anderen Schiffen zur Hilfe. Nach einer Havarie des Fischdampfers „Wilhelmshaven" im Februar 1897 war sie zur Stelle und erhielt für ihren Einsatz einen Bergelohn von 3500,60 Mark zugesprochen. Ihre größte Tat aber vollbrachte die Besatzung unter Kapitän Johannes Libert*), der die Nachfolge Schlömers als Schiffer angetreten hatte, kurz danach – am 17.

März 1897. In einem orkanartigen Sturm traf die „Köln" 100 Seemeilen westlich der Südwestspitze Norwegens auf die in Seenot geratene norwegische eiserne Bark „Johanna" aus Tvedestrand, die auf der Reise von Bremen nach Frederikstad in das Unwetter geraten war. Die Bark trieb mit so starker Schlagseite in der aufgewühlten See, dass das Wasser bereits über die Luken spülte. Die überkommenden Brecher hatten die Boote an Deck zerschlagen und die Mannschaft die Takelage längst gekappt. Nach großer Anstrengung gelang es der – wie es in der Meldung des Germanischen Lloyd wortwörtlich heißt – „braven Besatzung" der „Köln", die Bark ins Schlepptau zu bekommen und glücklich nach Stavanger zu bringen.

Die nächste Eintragung stammt aus dem Februar 1898; zur der Zeit hatte Kapitän Ostinga aus Stikelkamperfehn auf der Brücke das Sagen. Auf der Reede von Bremerhaven rammte der Fischdampfer den Schoner „Gesine" und beschädigte ihn schwer. Ob er selbst einen Schaden davongetragen hatte, darüber gibt der Bericht des Germanischen Lloyd keine Auskunft.

Die spektakulärste Havarie wird im Band „Hans Petersen, ‚Im Würgegriff des Schwarzen Frostes'", erschienen 2000 bei Hauschild, Bremen, im Kapitel „Bittersalz" ausführlich geschildert. Hier eine Kurzform: Als Kapitän Heinrich Strenge am 2. Oktober 1901 gegen 20.40 Uhr für einen Moment die Brücke verlassen hatte, um einem kranken Matrosen eine Medizin zu verabreichen, und als während seiner Abwesenheit der Schiffsjunge Vogel, assistiert vom Matrosen Fischer, das Ruder bediente, rammte die „Köln" auf der Heimreise in der Deutschen Bucht den englischen Dreimastschoner „Luz" und riss ihm das gesamte Heck ab. Es gelang Strenge, den aufs Schwerste beschädigten Kollisionsgegner sicher nach Bremerhaven zu bringen.

Im Januar 1902 vollbrachte Kapitän Strenge eine weitere Rettungstat, als er den mit schwerer Schlagseite in der See treibenden Dampfer „Heinrich Horn" auf den Haken nahm und ihn in den Hafen von Bremerhaven schleppte. Der hart verdiente Bergelohn betrug 7500 Mark.

Im März 1903 benötigte die „Köln" selber Hilfe: Sie war in der Unterweser gestrandet. Eine ähnliche Situation ergab sich im April des folgenden Jahres: Beim Auslaufen von Nordenham war sie an der Luneplate auf Grund geraten und offenbar unbeschädigt geblieben. Kapitän Lübbe Lindemann musste jedoch die Hilfe mehrerer Schlepper in Anspruch nehmen, und die kam teuer. Bei einer Strandung im Februar 1910 auf den Nordwestklippen von Helgoland trug der Fischdampfer erhebliche Schäden davon.

Im November 1911 eilte die „Köln" dem havarierten englischen Fischdampfer „Fairport" zur Hilfe und schleppte ihn nach South Shields ein. Bei

---

*) Johannes Nikolaus Heinrich Libert stammte aus Potsdam (geboren am 12. Juli 1867). Er meldete sich am 6. Juli 1897 in Bremerhaven an und bezog nach der Heirat mit einer Elsfletherin am 1. Oktober 1898 seine erste eigene Wohnung.

diesem Manöver wurde die „Köln" selbst an einigen Platten beschädigt. Der letzte gemeldete Unfall trägt das Datum März 1913: Der kleine Fischdampfer war bei Fort Brinkamahof II in der Wesermündung auf Grund geraten und mit Hilfe von zwei Schleppern wieder freigekommen.

BIOGRAFISCHES

HEINRICH HERMANN SCHLÖMER

Heinrich Hermann Schlömer wurde am 15. Oktober 1849 als Sohn des Zimmermanns Nikolaus Schlömer und seiner Frau Christina Poelmann in Papenburg geboren. Als junger Mann entschied er sich für den Seemannsberuf. Am 9. November 1880, inzwischen zum Steuermann aufgestiegen, heiratete er Christina Anna Dreesmann aus Papenburg (geboren am 14. Februar 1853). Die Familie wuchs rasch. Als erstes Kind wurde am 3. Juni 1884 die Tochter Elisabeth geboren. Es folgten Christina (1886), Margaretha (1889), Johannes (1891) und Henrietta (1894). Zum beruflichen Werdegang: Schlömer, mit dem Patent eines Kapitäns auf großer Fahrt ausgestattet, wechselte in die junge, gerade im ersten Aufblühen befindliche Große Hochseefischerei und zählte bei der „Nordsee" zu den Fischdampferkapitänen der ersten Stunde. Die Reederei vertraute ihm am 7. Oktober 1896 – zwei Monate und zehn Tage vor dem Unfall an der Geeste – ihren am gleichen Tage in Dienst gestellten Neubau, die „Köln", an. Während er im Krankenhaus die Verletzungen auskurierte, die er beim Sturz an der Geeste davon getragen hatte, vertrat ihn auf der nächsten Fangreise Kapitän Conrad Engelke aus Neuenknick. Bei der darauffolgenden Ausfahrt stand wieder Schlömer auf der offenen Brücke. Im Sommer 1897 führte er für gut zwei Monate als Kapitän den „Nordsee"-Fischdampfer „Schönebeck". Bis Mitte 1898 fuhr er auf anderen Schiffe der Reederei als Steuermann. Einmal vertrat ihn im gleichen Jahr sein älterer Bruder, der Steuermann Engelbert Heinrich Schlömer (1847–1931), auf der „Präsident von Mühlenfels", während er selbst – nun wieder als Käpt'n – mit der „Schönebeck" auf Fischfang war.
Heinrich Hermann Schlömer starb am 12. November 1916 an den Folgen einer Lungenentzündung. Drei Tage später wurde er in Papenburg zur letzten Ruhe gebettet.

EGBERT EBKES

Egbert Ebkes kam am 10. Juni 1850 in Barßel (Großherzogtum Oldenburg) als Sohn von Johann Ebkes und dessen Ehefrau Maria, die eine geborene Amman war, in einem katholischen Elternhaus zur Welt. Wie viele andere Männer aus dem Oldenburgischen wurde er Seemann und brachte es bis zum Kapitän. Das Handbuch der Handelsmarine führte ihn am 1. Januar

1893 als Kapitän des Fischdampfers „Hanny" (BX 25, Baujahr 1892) des Reeders J. W. H. Siebert in Lehe bei Bremerhaven, am 1. Januar 1894 als Kapitän des Fischdampfers „Vigilant" (BX 29, Baujahr 1893) der Reederei B. Bartling & Genossen in Bremerhaven. Bald danach blieb er an Land, erwarb eine Konzession als Restaurateur (Gastwirt), eröffnete in Bremerhaven im Hause Am Deich 10 (heute Deichstraße) ein Restaurant und hielt als Heuerbaas weiterhin Verbindung zur Handelsschifffahrt und zur aufblühenden Hochseefischerei. Bereits am 19. Januar 1886 hatte er in Geestemünde die 14 Jahre jüngere Gesine Maria Johanna Glup (geboren am 6. Dezember 1864) geheiratet, die ebenfalls aus Barßel, Ortsteil Barßelermoor, stammte. Aus der Ehe gingen fünf Kinder hervor, von denen eines früh starb. Die anderen vier, zwei Mädchen und zwei Jungen, wuchsen in der Familie auf und erreichten ein hohes Lebensalter. Nach dem Tod des Ehemannes am 6. Dezember 1906 übernahm die junge Witwe die Leitung des Restaurants – zuletzt vom 18. August 1909 bis zum 5. Dezember 1910 in der gleichen Straße, aber einige Häuser weiter (Am Deich 48). Gesine Ebkes starb am 23. November 1932.

QUELLEN
Hilda Peters, Bremerhaven
Staatsarchiv Bremen
Stadtarchiv Bremerhaven
Niederdeutsches Heimatblatt Nr. 580, April 1998: „Schutzhütten für Schiffbrüchige im Süden Islands" (Autorin: Hilda Peters, Bremerhaven)
Katholische Familienforschungsstelle Meppen, Dr. Reinhard Kloppenburg
Mathilde Schulte, Katholisches Pfarramt St. Michael, Papenburg
Katholisches Pfarramt St. Antonius, Papenburg
Karl Egbert Ebkes, Bremerhaven

Blutwurst aus der Dose

Als jenes Deutsche Reich, das sich das „Dritte" nannte, im Mai 1945 endlich kapituliert hatte, blieben Trümmer und Trauer, Wracks und eine marode Wirtschaft zurück. Aber es keimte auch zaghaft die erste Hoffnung auf einen Neubeginn in einer friedlicheren Zeit.

Einige Hinterlassenschaften des Zweiten Weltkrieges ließen sich sogar nutzbringend verwerten. Zum Beispiel Blutwurst in Dosen aus Beständen der Kriegsmarine.

Weil sich das Leben in Deutschland unter der anfangs noch harten Hand der Besatzungsmächte ganz allmählich normalisierte, konnten auch die Reedereien der Hochsee- und Loggerfischerei nach sechsjähriger Zwangspause wieder daran denken, ihre wenigen nicht durch Minen- oder Bombentreffer, durch Artilleriebeschuss oder andere Kriegseinwirkungen verloren gegangenen Schiffe zu Fangreisen in die Nordsee auszusenden. Vorausgesetzt selbstverständlich, die siegreichen Alliierten, von deren Wohl und Wehe das Schicksal des deutschen Volkes noch auf Jahre hinaus abhängen sollte, stimmten zu. Und das taten sie dann auch – eingedenk des empfindlichen Eiweißmangels, unter dem die Deutschen damals zu leiden hatten. Die westlichen Alliierten gingen sogar noch einen Schritt weiter: Sie entließen bevorzugt Angehörige der Berufe in der Landwirtschaft und der Fischerei aus ihren Kriegsgefangenenlagern, vor allem aus denen in Norwegen, damit sie einen Beitrag im Kampf gegen den im Lande immer mehr um sich greifenden Hunger leisten konnten.

Die südliche Nordsee mit ihren Fangplätzen musste den deutsche Hochseefischern damals wie ein Schlaraffenmeer vorkommen: Sie konnten regelrecht aus dem Vollen schöpfen. Während die Menschen in den sechs Kriegsjahren danach getrachtet hatten, einander, ob zu Wasser, zu Lande oder in der Luft, umzubringen, verlebten die Flossenträger in der Nordsee friedliche und fruchtbare Zeiten: Sie waren von Nachstellungen durch Fischdampfer oder Heringslogger aller Anrainerstaaten weitgehend unbehelligt geblieben; ihre Bestände hatten sich kräftig erholt. Das galt nicht zuletzt für den Hering, an dem sich in der ersten Nachkriegszeit vornehmlich viele Norddeutsche, die in der Nähe von Fischereihäfen wohnten, mittags und abends satt aßen, ob sie ihn denn brieten oder als Bückling, Rollmops, Bismarckhering oder einfach nur gesalzen verspeisten. Manchmal kam er schon zum Frühstück auf den Tisch. Sogar puren Dorschlebertran, den, wie der Name sagt, nicht der Hering, sondern der Dorsch oder der Kabeljau hergibt, trank mancher damals aus der 0,75-Liter-Flasche, wenn auch nicht gerade mit Genuss, und kaute ein Stück Trockenbrot dazu, nur um gesund und bei Kräften zu bleiben. Schmerbäuche waren in den ersten

Die „Saarland", ein Segellogger mit Hilfsmotor der Bremen-Vegesacker Loggerfischerei. Das Werftmodell steht im Museum Schloß Schönebeck in Bremen (Foto: Georg Rüdiger)

Nachkriegsjahren unter den noch aus der Vorkriegszeit stammenden, nun aber um die Hüften schlotternden Jacketts kaum zu entdecken.

Auch die Vegesacker Heringslogger sorgten in dieser Zeit für Hering frisch auf den Tisch und für schlanke Linie. Anfang Oktober 1945 war die „Saarland", ein Segellogger mit Hilfsmotor der Bremen-Vegesacker Heringsfischerei AG, unter Kapitän Ernst Hagemeier zu ihrer zweiten Fangreise nach dem Krieg in die südwestliche Nordsee ausgelaufen. Jens Rösemann, gerade einmal 15 Jahre alt und trotzdem schon nach der ersten dreiwöchigen Reise zum Leichtmatrosen befördert, ging, wie es der Zufall wollte, in einer klaren Oktobernacht, die zu einer schicksalsschweren werden sollte, die ungeliebte Fleetwache (Netzwache). Unbeliebt aber nicht bei ihm, bei Jens Rösemann. Er fühlte sich vielmehr geehrt, bereits soviel Verantwortung tragen zu dürfen. Dabei war ihm sehr wohl bewusst, dass er die Beförderung nicht einer besonderen Qualifikation zu verdanken hatte. Es stand nur kein anderer bereit, weil der Vorgänger nach der ersten Reise desertiert war.

Rösemann erinnert sich:

„Unser Logger hatte seine Fleet ausgesetzt. In Windrichtung trieben 120 Treibnetze, jedes 30 Meter lang und 15 Meter tief, an einem zweieinhalbzölligen geteerten Reep mit weißen Brails, so nennt man die Schwimmblasen. Als zusätzliche Markierung dienten vier Bojen, an deren drei Meter hohen Stöcken Signalflaggen befestigt waren. Am Ende dieser rund 4000 Meter langen Fleet dümpelte der Logger, durch die gesetzten Besan immer in Windrichtung gehalten."

Weil der junge Leichtmatrose auch noch die Wache vor dem letzten Hieven gegangen war, hatte er es gerade einmal auf vier Stunden Schlaf gebracht. Die Nacht war klar, kein Licht weit und breit zu sehen. Somit bestand auch kein Anlass, aufkommende Schiffe mit Scheinwerfersignalen davon abzuhalten, sich dem Fleet zu nähern oder gar in die Treibnetze hinein zu fahren.

Jens Rösemann, der „Jüngste", wie der jüngste Leichtmatrose auf Loggern genannt wurde, hatte zusätzlich den Auftrag erhalten, nach Ende der Fleetwache die Leute um 1 Uhr zum Hieven zu wecken. Bis dahin war es eine Weile. Deswegen gönnte er sich erst einmal ein Brot mit köstlicher Blutwurst aus einer Dose, deren Aufdruck verriet: Die Wurst stammte aus alten Kriegsmarinebeständen. Jedes Besatzungsmitglied hatte am Abend zuvor von dieser nahrhaften Speise ein viertel Kilo zugeteilt bekommen. Vor Antritt der Fleetwache hatte sich Jens noch diesen Genuss verkniffen. Nun biss er heißhungrig hinein in eine zu damaliger Zeit rare und deswegen so begehrte Delikatesse.

Schon gegen Ende der Wache hatte Rösemann bemerkt, dass im vorderen Logis eine unerklärliche Unruhe aufgekommen war. Zunächst erschien ein Matrose an Deck und eilte nach achtern zum WC. Er blieb nicht lange allein in seinem drängenden Verlangen. Bald bildete sich vor dem stillen Örtchen, das nun gar kein stilles mehr war, eine kleine Schlange aus unruhig von einem Fuß auf den anderen trippelnden Seeleuten. Einige fühlten sich dem übermächtigen inneren Druck nicht länger gewachsen, eilten nach vorn und entledigten sich der ins Freie drängenden Last durch eine der beiden Klüsen oder, wenn auch die „besetzt" waren, direkt über das Schanzkleid in die Nordsee. Lediglich die mit dem Reep belegte Klüse blieb tabu. Ein Fischermann beschmutzt weder sein Fanggeschirr noch das Verarbeitungsdeck. Das wäre eine Todsünde.

Auch unter den Achtergästen herrschte inzwischen eine ähnliche Hektik wie im vorderen Logis, dessen Kojen bereits verlassen waren, als Jens Rösemann in der Unterkunft mit einem Kessel voll heißem Muckefuck erschien. Da war kein Wecken mehr angesagt, da war nur noch Wehklagen zu vernehmen. Jens regte das alles nicht auf. Er verzehrte mit Genuss den Rest seines gut belegten Wurstbrotes und ging dann mit den Genossen der „Fünften Kolonne" zum Vorhieven des leeren Reeps an Deck. Die Fünfte Kolonne, so benannt in der Kriegspropaganda der Nazis nach vermeintlich gefährlichen Untergrundkämpfern und Spionen, die es unschädlich zu machen galt, bestand aus den beiden älteren Leichtmatrosen (Oudsten), dem jüngerer Leichtmatrosen (Jüngster) und den beiden Jungen (Reepschieter und Afhauer). Der Afhauer musste am Dampfspill stehen und den Reep einholen, sein Kollege, der Reepschieter, hatte im dunklen Reepraum die 4000 Meter Reep sorgfältig „aufzuschießen", ein Vorgang, bei dem keine Pause eingelegt werden konnte und der bei normalem Verlauf eines Hievens zwischen fünf und sechs Stunden dauerte.

Solche Zeitvorgabe, das sollte sich bald ergeben, ließ sich in dieser Nacht nicht einhalten. Ein effektives Holen, das von Steuermann Heinrich Vollriede und allen zwölf Decksleuten härtesten körperlichen Einsatz erforderte, war nicht mehr zu bewerkstelligen. Von Anfang an befanden sich immer ein paar Leute auf Abwegen, weil sie fast willenlos innerem Druck nachgeben mussten. Zwar sprangen zwischendurch von den sieben, die das Netz über die Rolle an Deck zu ziehen hatten, jene beiden ein, die eigentlich gerade Freitörn hatten, aber das alles reichte nicht. Auch die beiden Oudsten, die unter Aufbietung aller Kräfte die Oberkante des Netzes zum Schanzkleid heraufziehen mussten, bekamen von Zeit zu Zeit das große Rennen. Da sie sich gegenseitig und auch mit dem Afhauer abzulösen hatten und das Hin- und Hergehaste beängstigende Ausmaße annahm, geriet der Fangvorgang völlig durcheinander. Immer wieder musste festgehievt werden, weil die Netze achteraus zu treiben drohten, und jeder neue Anfang bedeutete neue Anstrengung. Der Durchfall entkräftete die Leute zusehends, das Arbeitstempo nahm ständig ab.

Der kleine Afhauer, der seine erste Reise machte, wimmerte kläglich um Ablösung. Nicht jedes Mal, wenn ihn der Schmerz in den Eingeweiden peinigte, konnte einer der Oudsten zur Stelle seinen Part übernehmen. Den Afhauer traf es doppelt. Erst die Seekrankheit, die er noch gar nicht überwunden hatte, dann diese durch nichts zu steuernde Darmgeschichte.

Inzwischen hatte sogar Maschinenassistent Leo Wydra an Deck mit angepackt. Für ihn ging der ebenfalls von der Blutwurst-Seuche erfasste Meister Bernd Schnitger in die Maschine. Auch der Alte und der von Koliken geplagte Koch Martin Runge reihten sich an Deck ein. Der Koch aber nur bis vier Uhr. Dann musste er die Bratheringe für das Frühstück vorbereiten. Für wen eigentlich noch …

Am schlimmsten hatte es den Reepschieter in seinem Reepraum erwischt, aus dem er ohne Hilfe von außen nicht entkommen konnte: Er musste drehen und drehen ohne Ende, wie der Goldhamster in seinem Laufrad.

„Wir lösen dich gleich ab", hieß es nur auf sein Gejammer. Leere Versprechungen, wie sich zeigen sollte. Niemand hatte Zeit, sich des Kleinen anzunehmen.

Als Steuermann Heinrich Vollriede endlich Gelegenheit fand, in den Reepraum zu blicken, bot sich ihm ein erschütternder Anblick dar. Der „Reepie" hatte die Schürze abgelegt, die Hosen bis zu den Knien herabgezogen, zog – in die Zwangsläufigkeit des Fangbetriebes auf Gedeih und Verderb einge-

Jens Rösemann (hintere Reihe, Dritter von rechts) in der Heringssaison 1949 nun schon als Matrose auf dem Logger „Saarland" (Foto privat)

spannt – unentwegt seine Runden mit dem Reep und entleerte sich bei Bedarf.

Endlich bekam auch Jens Rösemann die Wucht der Blutwurst zu spüren. Er hatte als letzter davon gegessen und wurde daher als letzter heimgesucht. Auch ihn löste niemand ab. Seine Aufgabe war es, die sogenannten Zeisige blitzschnell vom Reep zu lösen. Gelang ihm das nicht, zog sich der Knoten fester zusammen. Die Folge wäre unweigerlich gewesen, dass der Fangbetrieb kurzzeitig hätte eingestellt werden müssen und dass der Logger während einer Unterbrechung seine langsame Vorausfahrt entlang der Fleet nicht hätte fortsetzen können. Es gab für den kleinen Jens kein Wenn und Aber. Schon bei den ersten Anzeichen nahenden Unheils legte er seine Ölschürze ab und erledigte seine Notdurft über der kleinen Ankerklüse. Not kennt eben kein Gebot.

Einer von der Crew verstand die ganze Aufregung nicht. Matrose Hermann Bentfeld aus Bremen-Rönnebeck hatte ebenfalls von der Blutwurst gegessen, blieb aber von der Diarrhö verschont. Resistent, würde der Mediziner sagen. Er war auch der einzige, der sich zum Frühstück bitten ließ und mit Appetit einen Brathering nach dem anderen verzehrte.

Als man die verbliebenen Blutwurstdosen in der Kombüse in Augenschein nahm, zeigte sich die Ursache des Übels: Allesamt waren angeschwollen, beim Öffnen entwich mit leisem Zischen Gas. Kein Zweifel: Alle Mann – bis auf Hermann Bentfeld, dem die verdorbene Blutwurst nichts anhaben konnte – waren, wie Jens Rösemann mit leichter Übertreibung resümiert, „haarscharf am kollektiven Vergiftungstod vorbeigeschrammt".

Also – weg, über Bord mit den Dosen. Da aber protestierte der sonst so wortkarge Matrose Hermann Bentfeld heftig. Er reklamierte den Restbestand für sich und konsumierte ihn an den folgenden Tagen, ohne auch nur die geringsten Beschwerden davonzutragen.

Was hätte passieren können, wenn die gesamte Mannschaft – bis auf Hermann – nach und nach aus den Pantinen gekippt wäre? Auf See gab es keinen Arzt, kein Fischereischutzboot. Funk an Bord durften deutsche Schiffe damals noch nicht haben. Von anderen Loggern oder passierenden Schiffen war weit und breit nichts zu sehen. Woher also sollte Hilfe kommen?

Es ging aber alles gut aus. Die Symptome hielten zwar den ganzen Tag über an. Dennoch wurde am späten Abend wieder ausgesetzt. Zum Holen nach Mitternacht war die Besatzung – bis auf den unverwüstlichen Hermann – zwar konditionell stark geschwächt, aber einigermaßen arbeitsfähig.

Logger „Saarland" fing weiter Hering für die hungernde deutsche Bevölkerung.

NACHTRAG

Kapitän Ernst Hagemeier und Steuermann Heinrich Vollriede stammten beide aus dem Schaumburger Land. Das war kein Zufall. Wenn man die Musterrolle nachträglich in Augenschein nähme, fänden sich die Namen weiterer Besatzungsmitglieder, deren Geburtsorte gleichfalls in diesem Landstrich lagen. Noch vor dem Zweiten Weltkrieg bestand die Besatzung von Heringsloggern, ob sie nun in Vegesack, Nordenham, Geestemünde, Emden oder Glückstadt beheimatet waren, zu 90 Prozent aus Schaumburgern. Das hatte sozialhistorische Gründe. Das Schaumburger Land gehörte von jeher zu den ärmsten landwirtschaftlich genutzten Gegenden Deutschlands. Weil die meisten Höfe nur die Familie des Erstgeborenen, des Erben, ernähren konnten, blieb den nachgeborenen Bauernsöhnen keine andere Wahl: Sie mussten ihren Broterwerb anderswo tätigen. Mitte des 19. Jahrhunderts schulterten viele von ihnen im Sommer ihre Sense, wanderten nach Holland und verdingten sich während der Erntezeit als Saisonarbeiter. Als es einige in Hafenorte verschlug, von denen aus holländische Fischerboote zum Heringsfang ausliefen und deren Schiffer noch dringend Leute brauchten, ergriffen sie sogleich die Chance und musterten an. Und sie merkten sehr bald, dass sich in der Fischerei weitaus mehr Geld verdienen ließ als in der Landwirtschaft. Diese Kunde sprach sich schnell herum im Schaumburger Land, ebenso später die weitere verheißungsvolle Nachricht, dass auch von deutschen Nordseehäfen die ersten Segellogger auf

Die Besatzung des kombinierten Fischdampfers/Loggers „Otto" im Jahre 1928. Links Kapitän Ernst Hagemeier mit Ehefrau und Tochter. Hagemeiers Vater verunglückte 1906 auf diesem Schiff tödlich (Foto privat)

Heringsfang gingen. Die Schaumburger verließen in Scharen Holland und standen seither bei den deutschen Loggerreedereien dank ihrer Erfahrungen als Besatzungsmitglieder hoch im Kurs.

BIOGRAPHISCHES

ERNST HAGEMEIER

Kapitän Ernst Hagemeier, 1891 in Rusbend (Schaumburger Land) geboren, hatte das Handwerk der Loggerfischerei von der Pike auf erlernt. 1906 begann er als Reepschieter bei der Geestemünder Hochseefischerei AG, fuhr ab 1919 auf Schiffen der Reederei E. Richardson in Geestemünde und wechselte 1931 endgültig mit dem an die Bremen-Vegesacker Heringsfischerei AG (BVFG) verkauften Logger „Edward" nach Vegesack. 1937 nahm er seinen Wohnsitz im nahen Bremen-Schönebeck. Ernst Hagemeiers Karriere verlief gradlinig: Leichtmatrose, Matrose, Steuermann auf Loggern und Fischdampfern. In den zwanziger Jahren übernahm er als Kapitän sein erstes Schiff. Mit Logger „Edward" fand er 1931 in Vegesack seinen endgültigen Heimathafen und danach auch seinen Wohnsitz.

Im Zweiten Weltkrieg stand er als Kapitän auf Logger „Wachtel" im Dienst der Oberfinanzdirektion Bremen und fuhr Einsätze in der Nordsee. Nach Kriegsende, ab September 1945, fischte er wieder mit Logger „Saarland", den er schon einmal – 1938 – als Neubau gefahren hatte. Eigentlich sollte seine letzte Saison 1956 die mit Logger „Württemberg" (gebaut 1950 beim Bremer Vulkan) gewesen sein, aber im Jahre 1959 ging er nochmals als Kapitän auf Fangreisen mit Logger „Edward", der als „Jager" für Heringstransporte vom Fangplatz nach Vegesack diente. Ernst Hagemeier starb hochbetagt am 1. März 1973 in Schönebeck.

JENS RÖSEMANN

Jens Rösemann, geboren am 21. Januar 1930 in Otterndorf (Land Hadeln) als Sohn eines Dorfschulmeisters, hatte nur einen Berufswunsch: Seemann. Seine Schulzeit verbrachte er in Stade und Schönebeck bei Bremen. 1947 verließ er die Oberschule endgültig, nachdem er gleich nach Kriegsende schon als Junge und Leichtmatrose in der Heringsfischerei gefahren hatte. Insgesamt verbrachte er zehn Jahre in der Herings- und der Großen Hochseefischerei, unterbrochen nur durch eine Fahrtzeit auf dem Frachtsegelschiff „Gertrud II", das heute noch als Segelschulschiff „Frithjof Nansen" häufiger Gast in manchen deutschen Häfen ist. Als 22jähriger erhielt Jens Rösemann das Steuermannspatent. Wegen einer später festgestellten Farbblindheit wechselte er als Funkoffizier zur weltweiten Tramp- und Linienschifffahrt. Ab 1962 stand er als Funkoffizier und Zahlmeister in Diensten der HAPAG, für die er ab 1969 bis 1993 im Schiffsmanagement tätig war. Über seine Erlebnisse in der Herings- und Hochseefischerei schrieb er zwei Bücher: „Kok-in-Ruum auf dem Heringslogger" und „Rotbarsch & Co. Die große Zeit der Hochseefischerei".

Jens Rösemann im Herbst 1945

… und wie man ihn heute kennt

Der Segellogger mit Hilfsmotor „Saarland" wurde 1938 von der Werft Berninghaus in Köln-Deutz an die Bremen-Vegesacker Heringsfischerei AG (BVFG) abgeliefert. Er war 31,7 Meter lang, 6,8 Meter breit und fasste in seinem Fischraum 950 Kantje Hering (ein Kantje entspricht etwa 800 Salzheringen). Dazu kamen 100 Kantje Decksladung. Während der Kriegsjahre belegte die Marine das Schiff mit Beschlag. Ab Juni 1945 gehörte die „Saarland" wieder der BVFG. Der Logger brachte es auf 22 Fangsaisons, die letzte im Jahre 1964, und 141 Reisen, von denen er insgesamt 115 874 Kantje seegesalzenen Hering mitbrachte. 1948 wurde Hagemeier mit der „ Saarland" zum Vegesacker Heringskönig-Logger gekrönt. Das Modell des Loggers steht im Museum Schloss Schönebeck. Ebenso kann in der Vitrine die silberne Kette des Heringskönigs Ernst Hagemeier betrachtet werden, eine Auszeichnung, die in jedem Jahr dem erfolgreichsten Loggerkapitän der Saison umgehängt wurde.

QUELLE
Jens Rösemann, Bremen-Schönebeck.

Die Mär vom Muli auf der „Mellum"

Die Arbeitsteilung im Alltag der Hochseefischer führt nun einmal zu unterschiedlichen Belastungen, die mancher Janmaat als ungerecht empfinden mag: Ihn trifft es oft hart, andere weniger. Tatsache ist: An und unter Deck kommen die Männer an manchen Tagen kaum zum Atemholen, vor allem wenn sie das Netz gerade eingeholt haben und den Fang zügig verarbeiten müssen. Auf der Brücke wiederum kann sich zur gleichen Zeit gähnende Langeweile ausbreiten, weil der Kapitän und der wachhabende Steuermann, die vorher den Fischschwarm aufgespürt haben, das Schiff nur noch auf Kurs halten und von oben das Geschehen an Deck im Auge behalten müssen. In solcher Situation vertreibt man sich die Zeit damit, dass man dem lauscht, was die Kapitäne anderer Fischdampfer über UKW-Sprechfunk auf Arbeitskanal 8 an Döntjes zu erzählen haben. An einem Frühsommertag im Jahre 1962 hörten die Brückencrews der vor Westgrönland und Labrador fischenden Trawler eine Story, die in die Kategorie „Kaum zu glauben, aber vielleicht doch wahr" einzuordnen war. Verbreitet hatte sie Willi Neumann, damals 36 Jahre alt und Kapitän des Fischereimotorschiffes „Mellum" (BX 684) der Hanseatischen Hochseefischerei AG in Bremerhaven. Obwohl der Erzähler der abenteuerlichen Geschichte bereits 1991 gestorben ist, sprechen die Kapitänskollegen noch heute von ihm als „Muli" Neumann, wenn sie an damals zurückdenken, an die Mär vom Maulesel auf der „Mellum".

Fischereimotorschiff „Mellum" der Hanseatischen Hochseefischerei AG (DSM-Archiv)

Es war keine absolute Seltenheit, dass Kapitäne einen der ihren mit einem Spitznamen bedachten, der mit seinem Wesen, manchmal auch nur mit seiner Art zu sprechen im Zusammenhang stand. Zum Beispiel Gerd Karnatz. Der pflegte über UKW zu verkünden: „Ich bracker jetzt dort hin." Man nannte ihn daher „Brackermann". Aber „Muli" Neumann? Mit einem Maulesel hat ein Trawlerkapitän nun wirklich nichts gemein und Willi Neumann schon gar nicht. Umso mehr aber die Story, die er zum Besten gegeben hatte.

Auf der Brücke des Rostocker Fang- und Verarbeitungsschiffes „Erich Weinert" hatte der Rudergänger Neumanns Erzählungen mitgehört und sie dem Fangleiter der DDR-Flotte, Kapitän Heinz Adler, weiter erzählt. Der stand übrigens in Rostock und umzu damals in höchstem Ansehen. Neun Monate vor der Muli-Story, am 7. Oktober 1961, hatte ihn der damalige Staatsratsvorsitzende Walter Ulbricht höchstpersönlich zum „Helden der Arbeit" geadelt.

Die Vorgeschichte. Willi Neumann war mit dem 1961 von der Schiffbaugesellschaft Unterweser an die „Hanseatische" abgelieferten Seitenfänger am 11. April 1962 von Bremerhaven mit dem Auftrag ausgelaufen, vor Westgrönland Kabeljau zu fangen und daraus für den Export Frostfilet, Fischmehl und vor allem Salzfisch zu produzieren. In der zweiten Juniwoche löschte das Schiff seine erste Ladung in Aveiro, einem südlich von Porto gelegenen portugiesischen Hafen. Und in Aveiro, übrigens nicht nur eine Bezirkshauptstadt, sondern auch ein Bischofssitz, müssen die Geschehnisse wohl ihren Anfang genommen haben.

Dreierlei ist Hans Kukulies, der die Reise als 1. Steuermann mitmachte, im Gedächtnis haften geblieben.

Erstens wartete im Hafen bereits ein französischer Kühlfrachter, der die Frostware und das Fischmehl übernahm. Den Salzfisch dagegen löschten, und das löste bei den Matrosen doch einiges Erstaunen aus, etwa vierzig Portugiesinnen unter der Anleitung eines männlichen Vorarbeiters. Dabei kam es zu einem Zwischenfall.

„Die Janmaaten beobachteten, wie dieser Portugiese einer offensichtlich schwangeren Arbeiterin einen Fußtritt versetzte", erinnert sich Kukulies. „Sie waren hell empört und meldeten die Entgleisung der Schiffsführung, die dafür sorgte, dass der Kerl Knall auf Fall von Bord verschwand."

Zweitens wurde am 13. Juni 1962 in einem Hotel fröhlich gefeiert. Die Gesponse der drei Nautiker hatten beschlossen, ihre Männer in Aveiro zu besuchen. Sie traten die Reise nicht mit dem Flugzeug an, weniger um Kosten zu sparen, sondern weil eine von ihnen nicht fliegen mochte. Statt dessen benutzten sie die Eisenbahn und nahmen Strapazen in Kauf, die vor allem in die Beine, aber auch auf die Nerven gingen, weil die Fahrt kein Ende zu nehmen schien und sie sich hinter der spanischen Grenze mit keinem mehr verständigen konnten. Die drei waren „Mulis" Ehefrau Marga Neumann, Renate Kukulies, die an besagtem 13. Juni Geburtstag hatte, und Edelgard Zadow, die Verlobte des 2. Steuermanns Heinrich-Hermann Jauczius, den alle „Hein" nannten. Mit ihm wollte Edelgard Zadow eigentlich schon verheiratet gewesen sein; das Aufgebot hing seit Wochen aus. Die mehrmonatige Salzfischreise hatte unausweichlich zur Folge, dass der vorgesehene Hochzeitstermin platzte. Endlich, am 1. September 1962, wurde sie ihrem Hein rechtmäßig angetraut. Von dem damals 26jährigen wird im Zusammenhang mit der Muli-Geschichte noch die Rede sein.

Drittens: Es war wohl Jauczius, den der Wunsch nach Abwechslung im Speiseplan zu dem Entschluss verführte, in Aveiro einen Schock und vielleicht noch mehr Hühner zu kaufen. Kukulies: „Die vor dem Auslaufertmin noch nicht in der Pfanne gelandet waren, flogen uns allesamt auf der Rückreise nach Westgrönland auf und davon."

So eine Fahrt von Portugal nach Grönlands Westküste kann einem Fischermann schon wie eine Ewigkeit vorkommen. Um ein bisschen Abwechslung in den tristen Bordalltag zu bringen, hatte Jauczius, „eigentlich ein ruhiger Typ, der es aber faustdick hinter den Ohren hatte", wie ihn Marga Neumann charakterisiert, der lebenslustig, belesen und künstlerisch begabt war, eine Idee. Eine mit Folgen und eine, die Willi Neumann den Spitznamen „Muli" einbringen sollte.

Heinz Adler erlebte das so:

„Es hatte sich eingebürgert, dass sich die Kapitäne der auf dem Fangplatz ankommenden Trawler bei der Flotte anmeldeten. So hielt es auch Willi Neumann von der ‚Mellum'. Es war ferner üblich, dass die Kollegen, die nach Abwechslung im eintönigen Einerlei des Fischereialltags gierten, jeden Neuankömmling nach Neuigkeiten, nach Klatsch und Tratsch aus der Heimat befragten. Da hatte Neumann eine geradezu sensationelle Story zu bieten, die denen, die auf Kanal 8 mithörten, den Atem stocken ließ. Er berichtete, dass sich auf seinem Schiff doch tatsächlich ein lebendiger Maulesel befände, den einige Matrosen in Weinlaune in Aveiro erworben und an Bord geschmuggelt hätten."

Die Neugierde war geweckt. Und die Hilfsbereitschaft auch. Weil sich die Schiffe bei der so genannten „Kantenfischerei" zwangsläufig bei jedem Hol begegneten, richteten sich die Augen und Ferngläser fortan auf die „Mellum". Einige auf den auf Sichtweite passierenden Schiffen entdeckten auf Neumanns Seitenfänger schemenhaft einen Mauleselkopf, wie er aus einem offensichtlich rasch zusammengezimmerten Verschlag hervorlugte und sich („Schau mal hin ...") bewegte. Andere hatte sogar das Glück, das arme Tier an Deck hin und her laufen zu sehen.

Auf den in diesem Seegebiet fischenden west- und ostdeutschen Heck- und Seitenfängern verbreitete sich die Kunde vom Muli auf der „Mellum" wie ein Lauffeuer. Die einsetzende Diskussion, wie dem armen Tier zu helfen sei, spielte sich vornehmlich – wie nicht anders zu erwarten – weiterhin auf dem Arbeitskanal 8 ab. Als Willi Neumann berichtete, dass man anfangs erwogen hatte, den Maulesel zu schlachten, kam Entsetzen auf. Aber Neumann beruhigte: Keiner von den Janmaaten mochte sich solchem barbarischen Tun unterziehen. „Wir müssen ihn mindestens bis zum nächsten Hafen gesund durchbringen", sei die einhellige Meinung auf der „Mellum". Statt zum Schlachtmesser zu greifen, füttere man ihn nun mit Gemüseabfällen, Brot und Kartoffeln.

„… und wie der frisst!", erzählte Neumann. „Uns gehen langsam die Vorräte aus." Und verband mit dieser Meldung die Bitte an die anderen Schiffe, man möge doch für das arme, hungernde Tier Futter sammeln.

Alle hörten mit, alle bangten um das Schicksal des Maulesels, alle wollten helfen. „Nach ein paar Tagen kam unser Koch zu mir und meldete, dass er einen Korb voll Gemüse gesammelt habe", erinnert sich Heinz Adler.

Auf Neumann und seine Leute prasselten die Vorschläge nur so herein. Ein Maulesel, argumentierte einer aus der Flotte, und andere stimmten ihm zu, benötige nicht nur sein gutes Futter, sondern auch Pflege und vor allem Bewegung. Ein Kapitän gab den Rat, das in Portugal an das Arbeiten gewöhnte Tier die vollen Fischkörbe zu den Luken ziehen zu lassen, damit es in der Kälte vor Westgrönland nicht zu sehr friere oder gar – welch ein schrecklicher Gedanke – steif werde. Ein weiterer wies darauf hin, dass ein Maulesel täglich gestriegelt werden müsse. Es sei doch wohl nicht so schwierig, einen Striegel zu bauen.

Alle guten Ratschläge verloren sich im steifen Wind, der den Fischerleuten auf See ständig um die Nase pfeift, und auch zur Futterübergabe kam es nicht mehr. Dafür sorgte ein „Verräter", der über UKW ausplauderte, wer tatsächlich im Fell des Mulis steckte, und dieser Verräter war ausgerechnet Willi Neumanns zwei Jahre älterer Bruder Hans, ebenfalls Fischdampferkapitän bei der Hanseatischen Hochseefischerei.

Zwischen beiden bestand seit langem bei aller brüderlichen Verbundenheit – vielleicht gerade deswegen – eine merkwürdige Rivalität. Jeder wollte der erfolgreichere, der bessere Kapitän sein.

So kam es heraus. Im Fell steckte, wenn das Muli sich über das Deck bewegte, der um Einfälle nie verlegene Hein Jauczius, der mit seiner gelungenen Inszenierung eine ganze Flotte vor Westgrönland und Labrador zum Narren gehalten hatte.

Hans Kukulies kann sich noch heute das Lachen nicht verkneifen, wenn er an die Komödie von damals zurückdenkt. Als Requisiten dienten dem jungen 2. Steuermann Ochsenfelle, in die er sich so geschickt zu hüllen verstand, dass ihm die Täuschung überzeugend glückte.

Und Ochsenfelle sind auf den Seitenfängern als Bestandteil des Fanggeschirrs, wie jeder Fischermann weiß, reichlich vorhanden. Hein Jauczius brauchte sich an dem gerade brach liegenden Vorrat nur zu bedienen.

WILLI NEUMANN

Sein Berufsweg war durch Kindheit und Jugend, durch Familientradition vorgegeben: Schon als Schuljunge fuhr der am 8. April 1926 im ostpreußischen Labagienen (Kreis Labiau) geborene Willi Neumann mit Großvater und Vater, beide Fischerleute, in das Kurische Haff hinaus auf Fischfang. Als die Familie – eine Tochter und fünf Söhne – gegen Ende der Zweiten Weltkrieges vor der Roten Armee aus Ostpreußen geflohen war und im kleinen Ort Düring südlich von Bremerhaven Unterschlupf und eine neue Heimat gefunden hatte, stand für den damals Neunzehnjährigen fest: Er wollte Hochseefischer werden. Zunächst musste er sich mit der Küstenfahrt auf kleinen Frachtern begnügen, ehe es ihm gelang, am 14. September 1947 auf dem Ostseekutter „Zufriedenheit" in der Kleinen Hochseefischerei anzumustern. Zwei Jahre später erreichte er sein Ziel – die Große Hochseefischerei – als Matrose auf dem Fischdampfer „Skolpenbank" unter seinem Lehrmeister Kapitän Friedrich Juknischke. 1952 erwarb Willi Neumann das Steuermanns-, 1954 das Kapitänspatent.

Sein erstes Schiff, das er auf einer Vertretungsreise als Kapitän führen durfte, war im Frühsommer 1957 der Bremerhavener Fischdampfer „Hermann Krause". Zum Stammkapitän avancierte er, nachdem er zwischendurch auch bei anderen Reedereien gefahren war, dann auf der „Mellum", mit der er vom 1. April 1962 bis zum 6. Juni 1966 auf den Weltmeeren unterwegs war, auf Forschungsreisen sogar weit hinunter nach Südafrika. Als die „Mellum" einmal in Ghana ihre Frostfischladung löschte, glaubte Willi Neumann, wie er später daheim in Düring erzählte, seinen Augen nicht zu trauen: Da gingen doch tatsächlich die dunkelhäutigen Hafenarbeiter barfuß in die Tiefkühlräume.

Allmählich verschlechterte sich die Situation für die deutsche Hochseefischerei. Willi Neumann stand ab Mitte 1966 noch bei vielen Schiffen – nun waren es keine Seitenfänger mehr,

Willi Neumann

sondern Heckfänger und schwimmende Fischfabriken – auf der Brücke, als Kapitän sowohl wie als 1. Steuermann oder, wie es später hieß, als 1. Nautischer Offizier. In letzterer Eigenschaft erlebte er die fast schon historisch zu nennende Reise des Fangfabrikschiffes „Friedrich Busse" mit, historisch deswegen, weil im mexikanischen Hafen Ensenada Unglaubliches, bis dato Einzigartiges und sich auch später nie Wiederholendes geschah: Korrupte Beamte sperrten ein Drittel der Besatzung in ein finsteres Verlies, nur um hinterher beim Kapitän – es war Bodo Schwier – abkassieren zu können. Nachzulesen unter „Menschenjagd in Mexiko".

Mit dieser Reise endete Mitte 1982 Willi Neumanns Fahrenszeit. An Land war er noch einige Zeit als Wachkapitän auf Schiffen und beim Wachdienst im Fischereihafen tätig. Wenige Monate nach Vollendung seines 65. Lebensjahres starb Neumann am 16. September 1991 einen Sekundentod: Herzversagen. Eine Woche zuvor hatte er mit seiner Frau noch die alte Heimat Ostpreußen besucht.

Hans Kukulies

Hans Kukulies, geboren am 24. September 1925 im ostpreußischen Kinten bei Memel am Kurischen Haff, war von Jugend an ein Fischermann. An die Nordsee kam er aber nicht durch Vertreibung, wie die meisten aus Ost- und Westpreußen stammenden späteren Trawlerkapitäne, sondern als junger Marinesoldat, der das Kriegsende in Dänemark auf einem Torpedoboot-Zerstörer erlebt hatte: Eben weil er von Beruf Fischer war, entließen ihn die Engländer quasi mit neuem Marschbefehl nach Cuxhaven, damit er

als Besatzungsmitglied auf einem der wenigen verbliebenen deutschen Fischdampfer, der immerhin schon 24 Jahre alten „Eimsbüttel", an der Versorgung der deutschen Bevölkerung mit tierischem Eiweiß mithelfen sollte. Somit blieb dem nicht einmal zwanzigjährigen Obergefreiten die Kriegsgefangenschaft erspart. Weil die Nordsee kurz nach dem Krieg weitgehend vermint war, durften die wenigen Fischdampfer nur im Seegebiet um Helgoland fischen, in dem sich aber in den Kriegsjahren die Bestände gut erholt hatten. Von einigen Reisen brachte die „Eimsbüttel" allein 400 bis 500 Korb Schollen nach Cuxhaven.

Hans Kukulies

Im Jahre 1957 besuchte Kukulies in Cuxhaven die Seefahrtschule und erwarb das Steuermannspatent, nicht nur für die Große Hochseefischerei, sondern auch für die Frachtschifffahrt, kurz darauf auch das Kapitänspatent. 14 Jahre lang fuhr er auf Trawlern der „Nordsee", zunächst als 2. Steuermann und Wachsteuermann. Später wechselte er zu den Reedereien Ludwig Janssen und Hanseatische Hochseefischerei und stieg auf der „Mellum" schließlich zum 1. Steuermann auf. Diese Position behielt er, wurde aber auch auf einigen Reisen als Vertretungskapitän eingesetzt. 1967 musterte er – mit dem AM-Patent ausgestattet – in Hamburg als 1. Offizier auf einem Kümo an. Das bedeutete den endgültigen Abschied von der Hochseefischerei. Fast 20 Jahre fuhr er noch auf Frachtern. Seit 1986 genießt Hans Kukulies seinen Ruhestand in Cuxhaven, das ihm längst zur Heimatstadt geworden ist.

HEINRICH-HERMANN JAUCZIUS

Hein Jauczius (korrekt: Heinrich-Hermann, aber unter Kollegen, an Bord und im Bekanntenkreis sprach man ihn nur in der Kurzform an, die irgendwie auch zu einem Fischermann passt), den andere auch Kolumbus nannten, war erst 40 Jahre alt, als ihn 1976 im Urlaub, den er zusammen mit seiner Frau und seinen beiden Töchtern verbrachte, der erste Herzinfarkt ereilte. Die Krankheit bedeutete einen tiefen Einschnitt in sein Leben und seine Lebensplanung: Der Geestemünder (geboren am 15. November 1936) war Seemann mit Leib und Seele und ein tüchtiger Trawlerkapitän dazu. Er wäre es gerne noch viele Jahre geblieben, aber seinen ge-

liebten Beruf konnte er fortan nicht mehr ausüben. Darunter hat er seelisch stark gelitten. Für ihn, vor allem aber für seine Familie sollte es noch schlimmer kommen: Am 10. November 1982, fünf Tage vor seinem 46. Geburtstag, den er noch mit Freunden und Verwandten feiern wollte, ereilte ihn der zweite und danach der tödliche dritte Infarkt. Er starb in den Armen seiner Ehefrau.

Hein Jauczius stammte aus einer Seemannsfamilie: Sein Vater Heinrich Adam Jauczius wie seine Onkel Artur und Heinz Notholt waren Fischdampferkapitäne. Mit nicht einmal 16 Jahren, am 4. August 1952, startete er seine Hochseefischer-Laufbahn als

Heinrich-Hermann Jauczius

Kochsjunge auf FD „Max Gundelach" unter Kapitän Otto Popall. Auf dem gleichen Schiff fuhr er sechs Jahre später noch einmal als Matrose und Netzmacher. Seine erste Reise als 2. Steuermann absolvierte Jauczius ab dem 26. Juni 1959 als 22jähriger auf FD „Hans Homann". Später wechselte er endgültig zur Hanseatischen Hochseefischerei AG, die ihn im Sommer 1966 zum Kapitän der „Mellum" beförderte. Das Kapitänspatent hatte er zwei Jahre zuvor, am 30. Januar 1964, ausgehändigt bekommen. Sein letztes Schiff, mit dem er auf Fangreisen ging, war die „Weser". Mit diesem Fischereimotorschiff nahm er in den Jahren 1975 und 1976 noch unter Kapitän Fritz Baltrusch als 1. Nautischer Offizier an einer Antarktisexpedition teil. Nach seinem Herzinfarkt erwarb er im Sommer 1978 sogar noch das Allgemeine Sprechfunkzeugnis für den Seefunkdienst, nur um der Hochseefischerei verbunden bleiben zu können.

Die Reederei beschäftigte ihren Kapitän noch drei Jahre im Innendienst. Danach war er arbeitslos – eine für ihn unerträgliche Situation. Deswegen nahm er bis zu seinem Tode, nur um aktiv zu bleiben, eine Tätigkeit als Arbeiter bei einer Stahlbaufirma in Bremen an.

SCHIFFSBIOGRAFIE

Das Fischereimotorschiff „Mellum" (BX 684) der Hanseatischen Hochseefischerei AG in Bremerhaven war von der Schiffbaugesellschaft Unterweser als so genannter Teilfroster konstruiert worden. Der am 21. März 1961 in Dienst gestellte Seitenfänger ließ sich mithin sowohl im Frischfischfang als auch in der Frost- und Salzfischproduktion einsetzen. Nach knapp sieben Jahren Fahrtzeit ging die „Mellum" in das Eigentum des Bundes über – wie auch das Schwesterschiff „Hoheweg", das im gleichen Jahr 1961 ebenfalls für die Hanseatischen Hochseefischerei bei der Unterweserwerft in Bremerhaven vom Helgen gelaufen war. Die Bundesmarine legte die „Mellum" zunächst für längere Zeit auf und ließ sie von 1969 bis 1971 bei Blohm + Voss in Hamburg zu einem Mess-Schiff umbauen, das am 19. Oktober 1971 unter dem Namen „Alster" (A 50) beim Minenlegergeschwader im Marinestützpunkt Mürwik seinen Dienst aufnahm. Die „Alster" war nicht nur für ozeanographische Messungen ausgerüstet, sie erfüllte auch vielfältige Aufgaben auf dem Gebiet der Marine-Elektronik. Nicht nur am nunmehr hoch komplizierten „Innenleben", sogar an den Abmessungen hatte der Umbau mancherlei verändert. So besaß das Schiff, als es noch „Mellum" hieß, eine Länge von 68,53 Metern, als „Alster" aber von 84 Metern und verdrängte nunmehr 1500 Tonnen Wasser. Die Besatzung bestand aus 30 Mann, unter ihnen viele Spezialisten. Später fand ein weiterer Eignerwechsel statt: Die türkische Marine übernahm das Schiff und taufte es auf den Namen „Yunis".

QUELLEN
Marga Neumann, Düring bei Bremerhaven
Edelgard Jauczius, Dedesdorf bei Bremerhaven
Heinz Adler, Rostock
Fritz Baltrusch, Nordholz
Hans Kukulies, Cuxhaven

Fangdeck eines Heckfängers. Der in den 1960er Jahren neue Schiffstyp löste schnell die traditionellen Seitenfänger ab, da die Arbeitsbedingungen gerade für den Einsatz im schweren Wetter erheblich besser waren (DSM/FIMA-Archiv)

Hinter der weißen Wand lauerte der Tod

Die Reise neigte sich allmählich ihrem Ende zu. Vielleicht drei, höchstens jedoch fünf Tage hätte der Bremerhavener Fischdampfer „Maria von Jever" der Reederei F. Busse KG noch auf dem Fangplatz Südlich Mehlsack bei Island zu fischen gehabt, vor allem Rotbarsch, der zwar in großer Tiefe stand, aber in reichlichen Mengen ins Netz ging. Urplötzlich, am Karfreitag, 12. April 1963, gegen 4 Uhr Mitteleuropäischer Zeit (MEZ) brach die Katastrophe über Schiff und Mannschaft herein: Ohne Vorzeichen, ohne dass sich der Bug zuvor gehoben hätte, sah Kapitän Walter Pallusseck (damals 41 Jahre alt) von der Brücke aus im Scheinwerferlicht in Bruchteilen von Sekunden eine riesige weiße Wand auf das Schiff zurollen. Mit einer ungeheuren Wucht schlug der Brecher über das Vorschiff und kippte zur Steuerbordseite ab.

Gegen 1.10 Uhr hatte Kapitän Pallusseck das Fanggeschirr in östlicher Richtung aussetzen lassen. Um diese Zeit wehte der Wind stark aus nördlichen Richtungen in Stärke sieben. Pallusseck hatte jedoch den Wetterbericht abgehört und vernommen, dass sich die Situation in den nächsten Stunden erheblich verschlechtern sollte. Als er um 1.30 Uhr die Wache an seinen 1. Steuermann Fritz Gerdes (damals 49 Jahre alt) übergab, erteilte er ihm die Weisung:

„Der Wind soll nach rechts drehen und Orkanstärke erreichen. Wenn das so eintritt, sofort hieven!"

Gegen 3 Uhr zogen heftige Böen mit Windstärke 8 bis 10 heran. Gerdes ließ, wie angeordnet, zum Hieven klar machen. Als die Decksmannschaft noch die Leinen einholte, traf eine starke Böe das Schiff. Das war der Anlass für den Steuermann, seinen Kapitän zu wecken. Pallusseck betrat die Brücke und stellte fest, dass die Scherbretter bereits vorgehievt waren. Als dann auch das Netz an Deck lag, brachte er das Schiff mit dem Heck in die See, damit die Männer vor den Aufbauten einen Schutz vor dem Sturm hatten, wenn sie an Steuerbordseite das Netz und die Leinen seefest zurren mussten. Während die Männer auf dem Vorschiff schufteten, beobachtete Pallusseck von der Brücke ihren Wettlauf gegen die Zeit, vor allem aber die Wetterentwicklung. Steuermann Fritz Gerdes stand währenddessen auf der Laufbrücke und hielt Ausschau nach achtern. In den vorderen Fächern lag noch Rotbarsch, der in den Fischraum befördert werden musste. Die Sicherung des Fanggeschirrs hatte aber absoluten Vorrang. Noch lief nur wenig Wasser über.

Der Nordnordweststurm hatte inzwischen Stärke 10 bis 11 erreicht, es herrschte Schneetreiben und lief eine grobe See. Plötzlich kam eine schwere Orkanböe heran. Kapitän Pallusseck reagierte sofort. Er ließ die Decks-

Fischdampfer „Maria von Jever" beim Auslaufen von Bremerhaven (DSM-Archiv)

besatzung im Dom Schutz suchen, ordnete an, dass Matrose Walter Krüger, der im Vorschiff wohnte, als Rudergänger auf die Brücke kommen sollte und legte das Schiff mit dem Kopf in die See. Während des Drehmanövers stand Steuermann Fritz Gerdes am Ruder.

Gegen 3.55 Uhr lag die „Maria von Jever" ruhig in der See. Es trat sogar eine leichte Flaute ein. Die Maschine lief langsam voraus. Anliegender Kurs: 340 Grad. Die Position des Schiffes wurde mit 63 Grad Nord und 24 Grad West ermittelt.

Die Mannschaft ging auf das Deck zurück und arbeitete weiter. Strecktaue waren noch nicht gespannt, weil das Netz zunächst vollständig festgezurrt sein musste. Dafür wäre noch eine Viertelstunde Arbeit erforderlich gewesen. Auf der Brücke konnte Walter Pallusseck kaum noch die Hand vor Augen sehen, so stark war das Schneetreiben inzwischen angeschwollen. Deswegen ließ er den großen Scheinwerfer einschalten und recht voraus richten.

Da stand sie auch schon auf der Back – die weiße Wand. Ein schwerer Brecher überrollte das Schiff. Pallusseck und Gerdes sahen nur noch Wassergischt, Sekunden danach glich das Vordeck einem einzigen Trümmerfeld. Im nächsten Augenblick legte sich das Schiff hart nach Steuerbord über. Mehrere Leute schwammen auf dem Deck – einige hielten sich fest, andere hingen an der Winde. Sechs Matrosen jedoch hatte die See mit sich gerissen, zwei davon spülte sie zurück.

Pallusseck stoppte die Maschine und schrie, so laut er konnte, gegen den Sturm an:

„Männer über Bord."

Fritz Gerdes legte das Steuer hart Steuerbord, rannte auf die Laufbrücke und warf einem der im Wasser treibenden Matrosen – welchem, das konnte er nicht erkennen, weil der Scheinwerfer und ein Teil des Deckbeleuchtung ausgefallen waren – einen Nachtrettungsring zu. Die daran befestigte Leuchtboje zündete jedoch nicht richtig und verlöschte kurz darauf völlig.

Steuermann Gerdes hetzte auf das Achterdeck und holte noch zwei Rettungsringe. Den einen warf er selbst, den anderen der Matrose Heinrich Dehn.

Weiter oben auf der Brücke stehend, erkannte Kapitän Pallusseck, obwohl der Mann dunkles Ölzeug trug, den Matrosen Krüger, der in 15 Meter Abstand mitten zwischen den Ringen trieb und hoch aus dem Wasser ragte. Der 54jährige Bremerhavener war über das Deck in Richtung Brücke gelaufen, als der Brecher ihn traf und mitriss. Offenbar war er so schwer verletzt worden, dass er das Bewusstsein verloren hatte.

Endlich entdeckte der Kapitän auch den Matrosen Horst Fischer und musste hilflos zusehen, wie der erst Neunzehnjährige, wie Krüger ebenfalls in Bremerhaven zu Hause, vergeblich versuchte, den ihm zugeworfenen Rettungsring zu ergreifen. Den jungen Bremerhavener verließen jedoch offensichtlich die Kräfte.

Da – ein Schatten außenbords an der Steuerbordwand. Walter Pallusseck schrie: „Da ist noch einer ..."

Es war der Matrose Bruno Ahland, der ein mit ihm über Bord gespültes Auffangtau ergriffen hatte und sich daran festklammern konnte. Die Retter zogen ihn auf das Deck. Der Matrose hatte sich beim Sturz schwer verletzt. Zwei Rückenwirbel waren angebrochen. Noch schlimmer als Ahland hatte es den Matrosen Klaus Klingler erwischt, den die See auf das Deck zurück geschleudert hatte. Als Steuermann Gerdes ihn auffand, lag der Matrose festgeklemmt am achteren Galgen. Er war mit dem Kopf so hart aufgeprallt, dass er ein großes Loch am Schädel davongetragen hatte.

Pallusseck: „Ich hatte anfangs nicht geglaubt, dass wir den durchbekommen ..."

Einen weiteren Matrosen, Klaus Gerdes hieß er, hatte die See ebenfalls mitgerissen und dann zurückgeschleudert. Er fand sich jählings auf dem Vorschiff wieder und kam mit extremen Verstauchungen der Fußgelenke sowie mit Prellungen davon. Der 1. Steuermann legte zunächst Ahland und Klingler Notverbände an, rannte danach auf die Brücke zurück und warf einen weiteren Nachtrettungsring, der auch gut brannte. Gerdes hatte wohl immer noch das Fünkchen Hoffnung, die beiden Vermissten aus der tosenden See zu retten.

Kapitän Pallusseck ließ die Luken schließen, schickte die Leute von Deck und drehte die „Maria von Jever" wieder in die See. Bei diesem Manöver erkannte er trotz der schlechten Sicht, dass ein schwerer Drahtläufer außenbords hing. Sofort hieß es:

„Maschine stopp!"

Am Draht hielt sich ein weiterer Matrose fest, der Glück hatte und mit Hautabschürfungen davon kam.

Die Unfallstelle war mit Schotten, Körben, Ringen und Fischen übersät. Von den beiden über Bord gespülten Seeleuten wurde keine Spur mehr entdeckt. Trotzdem setzte Pallusseck die Suche bis 5.30 Uhr fort.

Unmittelbar nach dem Unfall hatte die „Maria von Jever" eine PAN-Meldung*) ausgestrahlt, auf die sich die Trawler „Neumünster" und „Hans Gosch" meldeten. Um den drei stärker Verletzten schnell eine optimale Versorgung zukommen zu lassen, hätte Walter Pallusseck sie gerne einem deutschen Fischereischutzboot übergeben, zu dessen Besatzung stets ein Arzt gehörte. „Meerkatze II" hatte jedoch selber Schutz vor dem schweren Wetter in der isländischen Bucht von Keflavík suchen müssen und lag fest. Deswegen entschloss sich Pallusseck, die Vestmannaeyjiar**) anzulaufen und die drei Verletzten in medizinische Obhut zu geben. Nach neun Stunden Fahrt erreichte die „Maria von Jever" am Nachmittag des gleichen Tages Vestmannaeyjar. Ahland, Gerdes und Klingler kamen sofort in das Krankenhaus.

Obwohl die Decksmannschaft nur noch aus sieben Leuten statt aus vorher zwölf bestand, obwohl der Brecher am Schiff erhebliche Schäden angerichtet hatte, nahm die „Maria von Jever" den Fangbetrieb wieder auf. Der Käp'n des Trawlers „Hermann Ahlers", der über Funk von der Katastrophe erfahren hatte, erbot sich, Leute an den Havaristen abzugeben, aber die verbliebenen sieben arbeitsfähigen Matrosen waren sich einig: „Das können wir allein schaffen." Und sie schafften es.

Viel Mühe bereiteten auch die Aufräumarbeiten auf dem Schiff. Das Deck glich anfangs einem Trümmerfeld, auf der Brücke hatte der Brecher die Stirnwand eingedrückt und das Deck aufgerissen. Die Klarsichtscheibe und vier Brückenfenster waren zu Bruch gegangen, das Radargerät von der

---

*) Das im internationalen Funkverkehr verwendete Kürzel „PAN" ist dem französischen Wort „Panne" abgeleitet und bedeutet soviel wie Unfall, Missgeschick und Schaden. In der „Vollzugsordnung für den Funkdienst" steht unter § 47 (1) folgendes: „Das Dringlichkeitszeichen kündigt an, dass die rufende Funkstelle (in diesem Fall FD ‚Maria von Jever') eine sehr dringende Meldung zu übermitteln hat, die die Sicherheit eines Schiffes oder eines Luftfahrzeugs oder einer Person betrifft." Eine höhere Priorität besitzt lediglich das im Sprechfunk verwendete, ebenfalls dem Französischen entnommene Zeichen „MAYDAY", das dem aus dem Telegrafiefunk bekannten Notzeichen „SOS" entspricht. Auf die Seefahrt bezogen: Es sind sowohl Menschenleben als auch das Schiff selbst in höchster Gefahr. Auf dem dritten Rang steht das Sicherheitszeichen „SÉCURITÉ".

**) Die vor der isländischen Südküste gelegene Inselgruppe Vestmannaeyjiar wurde von den Hochseefischern oft als Westmänner-Inseln oder einfach Westermanns-Inseln bezeichnet.

Wand gerissen. Von der Holzvertäfelung der Stirnwand blieben nur noch Trümmer zurück, und vom Peildeck war der große Scheinwerfer auf Nimmerwiedersehen verschwunden. Sogar die Wand zum Kartenhaus wurde von der gewaltigen Wucht des Aufpralls eingedrückt. Das hatte Folgen. Weil im Kartenschrank nicht nur die Seekarten, sondern auch die Waschmittel lagerten, standen die Männer auf der Brücke noch stundenlang meterhoch im Schaum.

Auf der Heimreise holte der Trawler den Matrosen Gerdes ab, der sich auf dem Wege der Besserung befand. Erleichtert war Pallusseck vor allem, als er feststellen durfte, dass es den beiden anderen Verletzten den Umständen entsprechend schon wieder einigermaßen gut ging.

Die Männer von der „Maria von Jever" mochten kaum aufsehen, als sie mit ihrem schwer ramponierten Trawler durch die Doppelschleuse in den Bremerhavener Fischereihafen verholten. Am ärgsten geknickt aber war Walter Pallusseck. „Viele Kapitänskollegen haben mich angesprochen. Ich empfand die Ankunft als ein einziges Spießrutenlaufen." Die Zeitungsreporter aber, die schon auf der Kaje warteten und die Gangway hinaufstürmen wollten, jagte er wieder von Bord. Er war einfach noch nicht imstande, mit ihnen über das so tragische Geschehen zu sprechen.

„Dahinten steht der Reeder. Wenden Sie sich an den ..."

Und da stand er – ein trauriger Friedrich Carl Busse, der es noch lange nicht fassen konnte, welch schreckliches Unheil über eines seiner Schiffe hereingebrochen war an jenem unseligen 12. April 1963 im Fanggebiet Südlich Mehlsack.

NACHTRAG

Das Seeamt Bremerhaven untersuchte den „außerordentlich bedauerlichen schweren Seeunfall" – so der damalige Bundesbeauftragte, Konteradmiral a.D. Mirow – am 23. April 1963 in öffentlicher Sitzung. Es kam in seinem Spruch zu diesem Ergebnis: „Der Unfall ist auf höhere Gewalt zurückzuführen. Ein Verschulden der Schiffsführung lag nicht vor. Mängel in der Bauart, Beschaffenheit, Ausrüstung oder im Dienstbetrieb des Schiffes haben sich nicht ergeben. Die Maßnahmen nach dem Unfall waren sachgemäß. Das Anlaufen der Westermanns-Inseln war gerechtfertigt."

BIOGRAFISCHES

WALTER PALLUSSECK

Als Walter Pallusseck, der keinen anderen Berufswunsch hatte als zur See zu fahren, am 1. April 1936 als Junge auf dem Fischdampfer „Senator von Berenberg-Gossler" der Cuxhavener Hochseefischerei AG anmusterte, hatte er gerade einmal zehn Tage zuvor seinen 14. Geburtstag gefeiert. Der zu diesem Zeitpunkt vermutlich jüngste angehende Hochseefischer hatte auch noch das absolut kürzeste Schiff (mit 229,25 BRT vermessen und nur 36,43 Meter lang, Baujahr 1916) der damals in Cuxhaven beheimateten Flotte erwischt, aber wenigstens das mit dem längsten Namen. In seiner Kinderzeit hatte er häufig in Cuxhaven die Flying P-Liner „Padua" und „Priwall", die weltberühmten Großsegler der Reederei F. Laeisz, unter Vollzeug gesehen und bewundert. Mit denen wäre er allzu gern über die Weltmeere gesegelt, aber der Antritt bei der Hamburger Reederei hätte einiges Geld gekostet, „und das besaßen meine Eltern nun einmal nicht". So musste er sich

Walter Pallusseck

mit diesem betagten kleinen Dampfer mit dem so elend langen Namen abfinden.

Walter Pallusseck wurde am 22. März 1922 in Cuxhaven geboren. Sein Vater stammte aus einer kinderreichen Familie, die in Labiau in Ostpreußen ansässig war. Wie alle seine Brüder zog es den Vater in westliche Richtung, ihn und einen älteren Bruder sogar besonders weit – über den großen Teich in die USA. Walter Pallussecks späterer Ernährer verdiente seinen Lebensunterhalt als Matrose, der Bruder in einer Großschlachterei in Chicago. Nach dem Ersten Weltkrieg schoben die Amerikaner den Vater nach Deutschland ab. Er wurde in Cuxhaven ansässig und heiratete, starb aber schon 1927 an den Folgen einer Malaria. Fünf Jahre nach seinem Tod verehelichte sich die Mutter erneut – diesmal mit einem Bestmann und Netzmacher.

Walter Pallusseck stieg, wie in der Hochseefischerei üblich, nach und nach zum Leichtmatrosen und Matrosen auf. Neun Monate nach Kriegsausbruch wurde er eingezogen. „Nicht zur Marine, sondern zu den leichten Pionieren, die über viele Wasserfahrzeuge verfügten und daher erfahrene Seeleute brauchten", berichtet er.

Im Juli 1945 kehrte Walter Pallusseck wieder nach Cuxhaven zurück. Zehn Tage darauf lief der kleine Fischdampfer „Dr. A. Strube", der den Krieg überdauert hatte, zu einer Fangreise aus. Mit an Bord: Matrose Pallusseck, inzwischen 23 Jahre alt. 1949 besuchte er die Seefahrtschule in Bremerhaven, verließ sie mit dem Patent „B 4" in der Tasche, fuhr als 2. und seit 1949 als 1. Steuermann und legte 1952 an der Seefahrtschule in Cuxhaven seine

Kapitänsprüfung ab. Sein erstes Schiff, das er im Jahre 1957 als Kapitän übernahm, war die 1943 von der Schiffbaugesellschaft Unterweser im Auftrag der Kriegsmarine gebaute „Anna Busse". Sie gehörte nun der Reederei F. Busse in Bremerhaven, bei der er bis 1963 blieb. Danach trat er in den Dienste der Cuxhavener Hochseefischerei AG, für die er vor allem mit dem Seitenfänger „Sachsen" besonders erfolgreiche Fangreisen hinlegte und entsprechend hohe Erlöse erzielte. Seinen ersten Heckfänger, die „Saar", betrat Pallusseck nicht von einer Kaje aus, sondern am 30. Juli 1967 auf hoher See, und zwar auf Order von Reeder Robert Alf. Der Hintergrund seines Einsatzes: An der Verstellpropelleranlage des Schiffsantriebs war ein Schaden aufgetreten. Im November des gleichen Jahres kehrte er auf seine vertraute „Sachsen" zurück, die er bis April 1969 führte.

Dann schlug das Schicksal zu. Auf dem Heckfänger „Hessen", den er gerade einmal drei Monate als Kapitän gefahren hatte, verunglückte Walter Pallusseck schwer: Eine Beinverletzung, die dazu noch eine Thrombose zur Folge hatte, zwang ihn für längere Zeit zum Pausieren. Bereits 1968 war Robert Alf gestorben, und die „Nordsee" reihte die Schiffe der Cuxhavener Hochseefischerei in ihre Flotte ein. Für die Kapitäne der einstigen Alf-Reederei war bei der „Nordsee" kaum Platz auf der Brücke, zumindest nicht in leitender Position. Von Ende 1969 bis zum 9. Mai 1972 fuhr Walter Pallusseck den Seitenfänger „Gelsenkirchen" und ließ sich dann von der „Nordsee" abfinden.

Da kam ihm für die Fortsetzung seiner Kapitänskarriere ein glücklicher Zufall zu Hilfe: Der Baulöwe und Makler Wilfried Hilgert aus Porz bei Köln, der schon Anfang 1970 die finanziell angeschlagene Glückstädter Heringsfischerei AG für einen Barpreis von 2,1 Millionen DM erworben hatte, kaufte im Juni 1973 auch noch die in Cuxhaven ansässige Nordatlantische Hochseefischerei AG mit ihren beiden Heckfängern „Teutonia" und „Saxonia". Mit deren Führung betraute er außer Pallusseck zwei weitere Kapitäne. Diese drei wechselten einander ständig ab, so dass jeder das Kommando mal über die „Teutonia", mal über die „Saxonia" innehatte. Bis 1975 klappte die permanente Staffettenübergabe perfekt, dann beendete Hilgert das Abenteuer als Reeder in der Hochsee- und Heringsfischerei. Er verkaufte die beiden Trawler. Pallusseck aber bewarb sich beim damaligen Bundesministerium für Ernährung, Landwirtschaft und Forsten, das für Fischereischutz und Fischereiforschung zuständig war. Und er hatte das Glück, als 2. Offizier für das Fischereischutzboot „Frithjof" eingestellt zu werden. „Ich war einer von fünf gestandenen Fischdampferkapitänen an Bord", beschrieb er die damalige Situation auf dem Arbeitsmarkt für Patentinhaber. Später wechselte er zunächst auf die „Meerkatze II", dann nacheinander auf die Forschungsschiffe „Anton Dohrn" und „Poseidon". Ende August 1981 übernahm er für den gleichen Arbeitgeber eine Position an Land – als einer der für den Sicherheitsdienst zuständigen Kapitäne. Ein Patentinhaber musste und muss immer noch an Bord sein, wenn ein Schiff, das unter der Bundesdienstflagge fährt, im Hafen liegt. Seit Ende Oktober 1988 befindet sich Pallusseck im Ruhestand.

Im Jahre 1948 hatte er eine Bauerntochter aus Lamstedt geheiratet. Seitdem lebt er in diesem idyllischen Ort. Er selbst fand niemals so recht Gefallen an der Landwirtschaft, umso mehr aber sein Sohn, der seit vielen Jahren den Hof führt.

QUELLE
Walter Pallusseck, Lamstedt

Nicht nur Sturm und schwere See gefährdeten die Hochseefischerei, sondern auch Vereisung blieb stets eines der Risiken, denen die Schiffe auf den Fangplätzen ausgesetzt waren (DSM-Archiv)

Glückstreffer

Es geschah im Jahre 1988 auf der Heimreise des Fangfabrikschiffes „Mainz" der „Nordsee" Deutsche Hochseefischerei GmbH von den Fangplätzen bei Labrador nach Cuxhaven, dass abends in der Offiziersmesse ohne größere Vorwarnung Krimsekt in Strömen floss und alle, die an der Spontan-Sause teilnehmen durften, in eine überschäumende Laune versetzte. Dass solche Momente der Glückseligkeit, die sich im harten Bordalltag auf Trawlern, zumal auf hoher See, eher selten einstellen, zumindest bei einem Teilnehmer von einer Sekunde auf die nächste in eine trübe Katerstimmung umschlagen können, sollte schon am nächsten Morgen ausgerechnet jener Mann erleben, der seine Bordkollegen so kurzfristig eingeladen und aufs Feinste bewirtet hatte: Fischmeister Siegfried W. Hätte er doch nur in der Frühe nicht gleich das Radio eingeschaltet – seine gute Laune wäre bis zur Ankunft in Cuxhaven erhalten geblieben, spätestens bis zum Betreten jenes Ladengeschäftes, in dem er eigentlich ... doch davon später.

Fangfabrikschiff „Mainz" der „Nordsee" Deutsche Hochseefischerei GmbH
(DSM-Archiv)

Schon vor der Fete in der Offiziersmesse befand sich nicht nur Siegfried W., sondern die gesamte Besatzung in Hochstimmung. Der Anlass dazu war verständlich: Die „Mainz" hatte unter ihrem Kapitän Heinz Pallentin (damals 58) eine kurze, aber sehr erfolgreiche Reise hingelegt und würde mit voller Ladung an einen Markt kommen, der nach Fisch geradezu gierte. Da jedermann an Bord vom zu erwartenden satten Erlös bekanntlich seinen Anteil bekommt, bestand schon vor der Ankunft die Gewissheit, dass alle Mann vom Käpt'n bis zum Leichtmatrosen diesmal besonders gut verdienen würden. Auch Fischmeister Siegfried W.

Heinz Pallentin, der vor der Ausreise in einer Cuxhavener Annahmestelle einen Lottoschein abgegeben und die Zahlenreihe als Gedächtnisstütze auf einen Zettel geschrieben hatte, verglich sie beim Abhören der Abendnachrichten mit den gezogenen Glückszahlen. Es war wie immer – voll daneben getippt.

Rudergänger Krause (an Bord hieß er nur „Moskau", weil er aus der DDR gekommen war) aber nahm, ohne den Käpt'n zu fragen und ohne dass der etwas bemerkte, was hinter seinem Rücken vorging, den Zettel an sich, ging schnurstracks nach unten und schrieb die Pallentinschen Zahlen, die bekanntlich kein Glück gebracht hatten, neben die anderen neuesten Nachrichten auf das schwarze Brett. Einer, der sich in den nächsten Minuten vor der bordeigenen Nachrichtenbörse aufstellte, war Fischmeister Siegfried W. Er bekam kugelrunde Augen, als er die Zahlenreihe entdeckte, verglich sie mit seiner eigenen, dachte „Bingo", und die Geschichte nahm ihren Lauf. Nicht etwa das Unheil den seinen. Den Teilnehmern – mit einer Ausnahme – hat sich die spätere Sektsause als ein wirklich schönes Erlebnis in die Erinnerung eingeprägt.

Kurz nachdem er die vermeintlichen Glückszahlen gelesen hatte, erschien Fischmeister W. bei Kapitän Pallentin in der Kammer und druckste zunächst ein wenig herum.

„Wirklich, wir haben diesmal eine sehr, sehr gute Reise gehabt", begann er die Unterhaltung.

„Freu dich doch!", brummte Pallentin zurück, der sich gestört fühlte.

„Und dann habe ich auch noch fünf Richtige im Lotto!", platzte der Fischmeister heraus.

„Du spinnst!", antwortete Pallentin und wandte sich ab.

Im Hochgefühl der doppelten Glückssträhne – einmal die zu erwartende dicke Heuer und dann auch noch dies – ließ sich Siegfried W. nicht davon abbringen: Er schleppte zwei Kisten Krimsekt in die Offiziersmesse. Es wurde ein vergnügter Abend mit einem bösen Erwachen. Ob alle Flaschen auf das Wohl des vermeintlichen Lottogewinners geleert worden sind, lässt sich bei einem solch edlen Tropfen vermuten, ist aber nicht mit Gewissheit überliefert.

HEINZ PALLENTIN

Das Berufsziel hatten ihm die Beispiele seines Großvaters und mehrere Onkel vorgegeben, die von Bremerhaven und Cuxhaven auf Fischdampfern fuhren. Heinz Pallentin, geboren am 9. Februar 1930 in Agilla, dem späteren Haffwerder am Kurischen Haff, kam 1945 von Ostpreußen nach Cuxhaven. Ab 1948 fuhr er auf Seitenfängern der „Nordsee" Deutsche Hochseefischerei GmbH. Bereits 1952 erwarb er an der Staatlichen Seefahrtschule Cuxhaven das Steuermannspatent, im Winter 1956/57 das Kapitänspatent. Als erstes Schiff vertraute die Reederei dem damals 28jährigen den

Heinz Pallentin

Seitenfänger „Stuttgart" an, auf dem er vorher bereits als 1. Steuermann und Aushilfskapitän gefahren hatte. Danach stieg Pallentin auf zwei weitere Seitenfänger über – 1959 auf die „Köln", 1966 auf die „Minden". Im Jahre 1968 schließlich übernahm er mit der „Erlangen" erstmals ein Fangfabrikschiff. 1973 wechselte er auf die hochmoderne „Mainz", die er zwanzig Jahre lang bis zu seiner Pensionierung führen sollte.

QUELLE
Heinz Pallentin, Cuxhaven

Im Fadenkreuz der Küstenwachen

Mitte der siebziger Jahre verdüsterte sich der Horizont für die deutsche Hochseefischerei zusehends; ihr Niedergang zeichnete sich ab. Gerade hatte der seit dem Zweiten Weltkrieg endlich souveräne Inselstaat Island im letzten Kabeljaukrieg einen juristischen, aber auch moralischen Sieg über die anderen europäischen Fischereinationen errungen, allen voran über Großbritannien, das es zuvor an Drohgebärden seiner übermächtigen Kriegsflotte nicht hatte fehlen lassen. Der an strategisch zentraler Stelle im Nordatlantik gelegene Inselstaat hatte jedoch einen Pfeil im Köcher, der mehr Wirkung zeigen sollte als die auf isländische Wachboote gerichteten britischen Kanonen: Island kündigte für den Fall, dass sich die großen Nationen über seine Forderungen hinwegsetzten, den Austritt aus dem nordatlantischen Verteidigungsbündnis Nato an und traf mit diesem Schuss aus der Hüfte den Nerv der Europäer.

Noch vor Abschluss der III. internationalen Seerechtskonferenz, die später das Recht Islands auf Schutz seiner Wirtschaftszone nachdrücklich bejahte und festschrieb, hatten die anderen Fischereinationen, auch die Bundesrepublik, in diesem Konflikt bereits eingelenkt. Der Inselstaat, dessen Bewohner seit Menschengedenken existenziell vom Fischfang und von einer florierenden Fischwirtschaft abhängig gewesen und bis heute geblieben sind, weitete seine Fischereigrenze auf 200 Seemeilen aus, und für die deutschen Hochseefischer gingen die mit Abstand bedeutendsten traditionellen Fanggebiete verloren.

Dieser an sich schon schmerzhafte Verlust hatte Aus- und Nebenwirkungen, die den wirtschaftlichen Abstieg noch beschleunigten: Immer mehr Trawler selbst aus fernen Ländern tauchten auf den verbliebenen, bis dahin ergiebigen übrigen Fanggründen in der Nordsee und im Nordatlantik auf, und da die Fangmethoden ständig verfeinert worden waren, nahm die Überfischung der Meere schon bald dramatische Ausmaße an. In dieser Situation war die Politik gefordert, und sie handelte auch: Die Europäische Union (EU), die damals noch den Namen Europäische Gemeinschaft (EG) trug, sowie nahezu sämtliche Anrainer des Nordatlantiks erließen zeitlich begrenzte Fangverbote und verteilten Fangquoten, nach denen sich die Reedereien und Kapitäne gleich welcher Länder und Schiffe strikt zu richten hatten. Wehe, sie fügten sich nicht. Dann riskierten sie, im Ausland vor den Kadi zitiert zu werden und Geldbußen womöglich in Millionenhöhe aufgedonnert zu bekommen. Die für den Fischereischutz zuständigen Behörden und Küstenwachen der Anrainerstaaten hielten ein scharfes Auge darauf, dass die strengen Vorschriften zum Schutz der Fischbestände und der heimischen Fischerei, vielleicht auch zum Wohl der eigenen fiska-

Im Jahre 2003 immer noch in Fahrt: Fangfabrikschiff „Kiel" (DSM-Archiv)

lischen Kasse, strikt eingehalten wurden. Mit Vorliebe erwischten sie tatsächliche oder auch nur vermutete Sünder fremder Nationalitäten. Ein Verdacht war schnell formuliert, ein Beweis für korrektes Verhalten so manches Mal mit einer Handbewegung vom Tisch gewischt.

Ein Trawler, den solches Schicksal gleich viermal traf, war das Fangfabrikschiff „Kiel" (3200 BRT) unter seinem Kapitän Wolfgang Gewiese, einem Mann, dem im Übrigen ein untrüglicher Instinkt im Aufspüren von Fischschwärmen nachgesagt wurde. Zunächst erwischten ihn die Briten vor Schottland. Genauer ausgedrückt: Allerdings vermeinten sie nur, ihn bei einem Verstoß gegen die von Brüssel erlassenen Auflagen ertappt zu haben. In Wahrheit hatte sich Gewiese nichts zuschulden kommen lassen. Zwei Jahre später brachten Kanadier den in Cuxhaven beheimateten Heckfänger auf, und auch ließen es sich die Norweger – wohl in der Hoffnung auf einen kräftigen Bußgeldregen – nicht nehmen, die „Kiel" unter Arrest zu stellen. Auf der vorletzten Reise seiner aktiven Zeit nahmen schließlich die Dänen das von ihm geführte Fangfabrikschiff aufs Korn.

SHERIFF ROBINSON HATTE DAS LETZTE WORT

Auf diesen Tag hatte die deutsche Hochseefischerei, allen voran Manfred Koch, Einsatzleiter bei der „Nordsee", lange gewartet: Exakt am 29. Juni 1981 lief ein von der EU verhängtes fünfjähriges Heringsfangverbot ab. Den Vorschlag, den EG-Mitgliedsländern wieder Fangquoten zuzuteilen, hatte die Brüsseler Kommission nach einer wissenschaftlich begründeten

Empfehlung des Internationalen Rates für Meeresforschung (ICES) zwar rechtzeitig vorlegt, aber der Ministerrat, der den Beschluss zu fassen hatte, beschäftigte sich am 30. Juni 1981 – obwohl das Thema auf der Tagesordnung stand – nicht mehr mit dem Beschlussvorschlag.

Bei einer solchen Situation waren die Mitgliedsstaaten damals berechtigt, ihrerseits Fangerlaubnisse zu erteilen. Von diesem Recht machte die Bundesrepublik Deutschland, vertreten durch das Ministerium für Ernährung, Landwirtschaft und Forsten, Gebrauch und erteilte mit Schreiben vom 29. Juni 1981, unterzeichnet vom damaligen Referatsleiter Dr. Rudolf Illing, auch der „Nordsee" die erforderliche Genehmigung. Für die Aufgabe, den von der Industrie so heiß begehrten Fettfisch zu fangen und daraus gefrostete Heringslappen zu produzieren, hatte Koch in weiser Voraussicht die „Kiel" ausgeguckt und das Fangfabrikschiff hierfür längst aus- und umrüsten lassen. Wolfgang Gewiese beschlichen zwar ungute Gefühle, weil ihm der Termin für den Heringsfang reichlich früh zu liegen schien, aber Koch in seinem Hochgefühl („Jede Wette, da müssen Heringe in Massen sein ...") wischte die Bedenken des Kapitäns beiseite.

Am 2. Juli 1981 lief die „Kiel" von Cuxhaven mit dem Ziel Hebriden (diese Inselgruppe liegt westlich von Schottland) aus. Schon in der Nordsee suchte Gewiese mit dem Sonargerät intensiv nach Hering, aber Anzeigen, die auf Schwärme hindeuteten, blieben aus.

Als der Trawler jedoch den Pentland Firth passiert hatte und Gewiese im Seegebiet Nordminch zwischen Cap Wrath und North Rona – die „Kiel" befand sich dort ganz allein – dicke Heringspfähle auf dem Bildschirm ausmachte, stieg die Stimmung auf der Brücke von Minute zu Minute. Nach dem ersten Hol, der gut 35 Tonnen Hering bester Qualität ergab, machte sich geradezu Euphorie breit.

„Bei uns lief die Produktion Tag und Nacht", erinnert sich Gewiese. Allerdings nur zwei Tage und eine Nacht. Weil an der Antenne des Radargerätes ein Schaden auftrat, musste das Schiff den Hafen Stornoway auf der nördlichsten Hebrideninsel Lewis anlaufen. Ein Radarmonteur wurde an Bord geholt und reparierte die Anlage. Kaum hatte die „Kiel" erneut den Fangplatz erreicht, nahm die Besatzung den Fang- und Produktionsbetrieb wieder auf und hatte bei prall gefüllten Büdeln mehr als alle Hände voll zu tun. Weitere zwei Tage darauf das gleiche Malheur: Die Radaranlage fiel aus. Es nützte nicht: Wieder musste Gewiese Stornoway ansteuern und den Monteur aus dem Feierabend holen lassen.

Am liebsten hätte er diese Abstecher, die nur Zeit und damit Geld kosteten, vermieden oder zumindest aufgeschoben, aber da um diese Zeit über dem Seegebiet ein sehr starker Nebel mit Sichtweiten von unter 100 Metern waberte und zudem ein reger Schiffsverkehr herrschte, wollte er kein Risiko eingehen.

Kaum hatte er nach dieser ärgerlichen Unterbrechung ein drittes Mal den Fangplatz erreicht und westlich der Hebriden das Netz aussetzen lassen, bekam er unangemeldeten Besuch, der ihm so gar nicht willkommen war: Das britische Wachboot „Jura" näherte sich. Zu diesem Zeitpunkt lagerten bereits 240 Tonnen Heringsfilet in den Tiefkühlräumen. Diese Menge entsprach etwa 600 Tonnen Rohware.

Die Engländer – oder auch Schotten – , höflich und gentlemanlike, wie sie nun einmal sind, wünschten zunächst einen guten Tag, bevor sie über UKW anfragten, was die „Kiel" denn wohl fische. Übrigens außerhalb britischer Hoheitsgewässer, aber eben in einem Seegebiet, das der EG unterstand und für das die Brüsseler Restriktionen bis zum 29. Juni 1981 gegolten hatten.

„Wir fangen Heringe und Makrelen", antwortete Gewiese wahrheitsgetreu. Und tatsächlich: Es tummelten sich einige Makrelen zwischen den Heringsmassen.

„Hering?", vergewisserte sich die „Jura". Der gedehnte Ton bedeutete nichts Gutes.

„Yes, Hering", bestätigte Gewiese, „aber auch Makrelen, wenn wir welche ins Netz bekommen."

„Wait a moment please", ließ der „Jura"-Kommandant vernehmen.

Dieser „moment" dauerte länger als eine Viertelstunde, während der die „Jura" offenbar Kontakt zu ihrer vorgesetzten Dienststelle aufnahm und von ihr entsprechende Weisungen erhielt. Gewiese, im Besitz seiner Fanglizenz, die den Heringsfang im „ICES-Gebiet" („westlich von Schottland", wie es Dr. Illing formuliert hatte) erlaubte, ließ sich bei der Fischerei vorerst nicht stören. Nun wollte es der „Jura"-Kommandant genauer wissen, und Gewiese gab ihm über UKW die gewünschten Auskünfte. Die Quoten seien freigegeben, und die „Kiel" fische überwiegend auf Hering, was seit einigen Tagen erlaubt sei, und eben auf Makrelen.

„Wir kommen an Bord."

Sofort schickte die „Jura" mit einem Boot ein Kommando herüber.

Die Situation hatte sich inzwischen dadurch zugespitzt, dass die „Hannover", Schwesterschiff der „Kiel", soeben auf dem Fangplatz eingetroffen war und ihren ersten Hol schleppte. Sie hatte vor der Westküste Grönlands Rotbarsch und Kabeljau in Mengen gefischt, die wenig Anlass zur Zufriedenheit gaben. Als Kapitän Manfred Mehlich, der eine Vertretungsreise fuhr, vom Fangglück seines Kollegen hörte, gab es für die Reederei und ihn kein Halten mehr: 50 000 Tonnen waren für die EG-Staaten freigegeben. Er musste und wollte zu den Hebriden und an dem Heringssegen teilhaben.

Auf der „Kiel" hatte der Austausch der Argumente begonnen. Wolfgang Gewiese zeigte seine Papiere, die EG-Bestimmungen und die Fangerlaubnis mit der Tonnenzahl, aber die Briten beharrten darauf:

„Sie dürfen hier keinen Hering fischen."

„Sie irren sich, in diesem Planquadrat darf ich fischen", widersprach Gewiese, der inzwischen in Cuxhaven Einsatzleiter Manfred Koch am Telefon hatte. Koch tobte, als sein Käpt'n ihm mitteilte: „Die Schotten behindern uns ..."

Auf dem Fangplatz war mittlerweile ein weiteres Kriegsschiff eingetroffen – die „Sulisker", größer als die „Jura". Die Situation begann brenzlig zu werden. Deswegen drehte die „Wiesbaden", die sich als drittes Schiff auf dem Wege von Westgrönland zum neu entdeckten Heringsfüllhorn befand und fast schon die Hebriden erreicht hatte, auf Weisung der Reederei wieder ab, nachdem ihr Kapitän – alle drei Schiffe gehörten zur „Nordsee" – von dem Trouble um die „Kiel" und die „Hannover" erfahren hatte. Der Abstecher kostete sie mehrere Tage und die Reederei viel Geld.

Es war Freitag, der 10. Juli 1981, gegen 15 Uhr, als die „Jura" ihre Macht voll ins Spiel brachte.

„Sie haben die Fischerei sofort einzustellen und uns nach Stornoway zu folgen", hieß es in einem weiterhin ausgesprochen höflichen Tonfall. „Sie stehen unter Arrest."

Gleiches musste sich Manfred Mehlich anhören, dessen „Hannover" in der Zwischenzeit ebenfalls von einem Kommando besetzt worden war. Schiffe und Ladungen waren beschlagnahmt, vorläufig wenigstens. Weil inzwischen die Bundesregierung interveniert und die „Nordsee" aufgefordert hatte, es nicht zum Eklat kommen zu lassen, fügten sich die beiden Kapitäne in ihr Schicksal: Sie stimmten zu, sich einer Gerichtsverhandlung in Stornoway zu stellen.

Anfangs, als die Marinesoldaten an Bord gekommen waren, hatte sich der Offizier, der das Kommando führte, beiläufig erkundigt: „Wie viel haben Sie denn bisher schon gefangen?" Wolfgang Gewiese, der davon überzeugt war, dass sich das Problem als keines herausstellte und er bald wieder fischen durfte, stapelte tief und nannte „hundert Tonnen Rohware". Das wahre Fangergebnis aber lag sechsmal so hoch, und wegen dieser seiner Notlüge überkam den Kapitän nachträglich ein mulmiges Gefühl. Zum Glück ließen es die Schotten bis dahin bei dieser Aussage bewenden und kontrollierten nicht die Tiefkühlräume.

Gewiese übernahm nun für beide Trawler die Verhandlungsführung. Er machte den Briten klar, dass der Hafen von Stornoway für Schiffe mit so großem Tiefgang völlig ungeeignet sei, weil der hohe Tidenhub für sie eine Gefährdung bedeute. Eine Gefahr bestehe aber auch für den Ort Stornoway: Was, wenn die 130 Besatzungsmitglieder beider Schiffe aus Wut über diese Schikane ausrasten würden? „Wir alle fühlen uns doch im Recht."

Diesen Argumenten hatten die Kommandanten beider Kriegsschiffe nichts entgegenzusetzen. Aber es dauerte dennoch Stunden, bis sie eine Lösung gefunden hatten. Sie beorderten die Schiffe in eine kleine Bucht nördlich von Stornoway und legten sich mit ihren Wachbooten vor die Einfahrt. „Damit wir nicht ausbüxen konnten." Gewiese räumt ein: „Daran hatten wir tatsächlich gedacht."

Am Sonnabend morgen holten die Briten beide Kapitäne mit einem Beiboot ab und brachten sie zur polizeilichen Vernehmung nach Stornoway. Der vor Ort tätige „Nordsee"-Makler Mackay, Murray and Morrison stellte den Schiffsführern ein „Büro" – es war eher ein Verschlag – zur Verfügung, damit sie sich auf das, was nun folgen sollte, vorbereiten konnten. Sie erhielten bald einen Anruf von der Deutschen Welle, deren Redakteure von dem Zwischenfall gehört hatten, und ließen beim Radio-Interview gehörig Dampf ab, so verärgert waren sie über die aus ihrer Sicht völlig ungerechtfertigten Vorwürfe.

Zu diesem Zeitpunkt stand fest, dass beide Kapitäne vor Gericht, den Sheriff Court, gestellt würden, und Gerichtstag war damals in Stornoway nur einmal in der Woche – montags. „Insofern haben wir noch Glück gehabt. Man stelle sich vor, wir wären an einem Dienstag aufgebracht worden und nicht an einem Freitag."

Noch in der Nacht zum Sonntag klingelte Gewiese Einsatzleiter Manfred Koch aus dem Schlaf: „Ich habe doch nur 100 Tonnen Rohware als Fang angegeben. Wenn sie nun den Raum inspizieren und feststellen, dass meine Aufzeichnungen nicht stimmen, was dann ...?" Koch empfahl, Ruhe zu bewahren.

Zur Verhandlung am Montag verließen die „Kiel" und die „Hannover" nach Absprache mit der Coast Guard die „Gefängnisbucht" und legten sich demonstrativ vor der Hafeneinfahrt von Stornoway an den Anker. Den Transfer der Kapitäne an Land übernahm die „Jura" mit ihrem Beiboot.

„Später bedankten wir uns bei der Crew für ihre Fairness damit, dass wir einige Kasten Bier für die Bordbar spendierten", erzählt Gewiese. „Ich habe noch länger als zehn Jahre zum Wachboot ‚Jura' sehr gute Kontakte unterhalten, wann immer wir in diesem Seegebiet am Fischen waren und ihm begegneten."

Vor den Schranken des Hohen Gerichts erschienen die beiden beschuldigten Kapitäne, dazu als Vertreter der Reederei Helmut Junge, Kochs Stellvertreter und engster Mitarbeiter im Fischereibüro. „Er war sozusagen unser Advokat, weil er sich im internationalen Fischereirecht bestens auskannte", erzählt Gewiese.

Junge hatte bei seiner Ankunft auf den Hebriden eine Begegnung der besonderen Art. Auf dem Flughafen sprach ihn ein Herr von nicht sehr großer Statur, aber sehr freundlichem Wesen an und fragte, ob er ihm behilflich sein, ihn vielleicht mitnehmen könne. Junge lehnte zwar dankend ab, sah den freundlichen Schotten aber dennoch schon bald wieder – im

Helga Teipel, damals Konsulatssekretärin 1. Klasse, 1978 an ihrem Arbeitsplatz im Generalkonsulat Edinburgh mit Ex-Außenminister Hans-Dietrich Genscher an der Wand (Foto: privat)

Gerichtssaal und mit der berühmten weißen Perücke. Es war Sheriff Robinson, der für den Fall zuständige Richter.

Das Bonner Auswärtige Amt hatte in der Zwischenzeit einige Aktivitäten entfaltet. Der deutsche Generalkonsul in Edinburgh, Dr. Wilhelm August Thönnes, reiste zwar nicht selbst an, entsandte aber die Konsulatssekretärin 1. Klasse, Helga Teipel, damals 29 Jahre alt, heute Oberamtsrätin an der Aus- und Fortbildungsstätte des Auswärtigen Amtes. Sie musste auch noch, und darüber war sie gar nicht glücklich, die Aufgabe einer Dolmetscherin übernehmen, weil der Sheriff Court es verabsäumt hatte, einen amtlichen Übersetzer zu bestellen. Der „Nordsee" und den beiden Kapitänen stand Anwalt John Young vom Büro Semple & Crawford mit juristischem Rat zur Seite.

„Helga Teipel", denkt Wolfgang Gewiese an die Verhandlung zurück, „an diesen Namen und an sie selbst kann ich mich noch gut erinnern. Nicht nur, weil sie recht hübsch anzuschauen war, sondern auch weil es ihretwegen zu einem kleinen Zwischenfall kam. Sie trug Kontaktlinsen, von denen sie eine im Gerichtssaal verlor, so dass sie völlig hilflos und verzweifelt war. Wir alle, Deutsche wie Schotten, krabbelten am Boden auf den Knien herum, bis wir das Ding wiedergefunden hatten", schmunzelt Gewiese, der übrigens selbst der glückliche Finder war und strahlend der rotblonden jungen Dame die winzige Sehhilfe überreichen durfte. Es war nicht nur wegen dieses Intermezzos eine aberwitzige Verhandlung, deren Ergebnis eigentlich schon von vornherein feststand.

Beide Seiten tauschten die Argumente aus, und am Ende verkündete der Richter, Sheriff Robinson, zu Wolfgang Gewiese und Manfred Mehlich gewandt, seinen Beschluss:

„You are admonished." Und nach einigen weiteren Sätzen: „The catch of fish should be confiscated." Auf deutsch: Der Fang ist beschlagnahmt.

„Admonished? Diesen Ausdruck kenne ich nicht", musste Helga Teipel kleinlaut einräumen. Zum Glück kann man Sprachhürden überspringen, sei es mit Händen und Füßen, sei es mit einem Blick in das Dictionary.

You are admonished aber bedeutet lediglich: „Sie sind verwarnt." Also keine Strafe. Gewiese und Mehlich durften endlich aufatmen. Dass die Fänge beschlagnahmt waren, schmerzte sie weniger.

Das Verfahren vor dem Sheriff Court war damit beendet, es ging nur noch ums Bezahlen. Weil es in solchen Fällen international so üblich ist, dass die Reederei den Fang zurückkauft und die Trawler mit ihrer Ladung wieder auslaufen dürfen, hatte die schottische Fischereibehörde, die das Geld kassieren wollte, plötzlich ein Problem.

„Was kosten Heringe eigentlich heute?"

Niemand im Saal wusste diese Frage auf Anhieb zu beantworten. Schließlich war in Stornoway seit fünf Jahren kein Hering mehr angelandet worden. Die anwesenden Offiziere der „Jura" erboten sich, zum Fischmarkt zu gehen und sich nach dem aktuellen Preis zu erkundigen.

„An den Betrag, den Sie hinterher nannten, kann ich mich nicht mehr erinnern. Aber das eine weiß ich noch: Er war sehr moderat", sagt Gewiese. Man rechnete hin und her und kam auf einen Gegenwert von 8000 DM für beide Schiffe.

„Diesen Betrag zahle ich sofort", bot Helmut Junge der Fischereibehörde an und wollte schon das Scheckbuch zücken.

„So einfach kommen Sie nicht davon", lachte die Vertreterin der Fischereibehörde zurück.

Schließlich einigte man sich auf einen Betrag von insgesamt 16 600 englischen Pfund. Das Pfund stand zu dieser Zeit bei 4,81 DM, so dass die Reederei für beide Schiffe rund 70 000 DM zu zahlen hatte. Wolfgang Gewiese war mehr als zufrieden. „Für mich, der ich wusste, wie viel Tonnen Heringsfilets in den Tiefkühlräumen lagerten, kam das einem Sonderangebot gleich", erinnert er sich. Ganz und gar nicht einverstanden war nur im fernen Cuxhaven der allmächtige Chairman der „Nordsee", Marx-Henning Rheder. Weil er seine Kapitäne im Recht sah, und das waren sie nach vorliegenden Fanglizenzen wohl auch, wollte er den Fall notfalls bis vor den Europäischen Gerichtshof bringen. Erst als ihm seine Mitarbeiter in Stor-

Bundespräsident Dr. Richard von Weizsäcker und die damalige niedersächsische Wirtschaftsministerin Birgit Breuel mit Kapitän Wolfgang Gewiese auf der Brücke der „Kiel" (Foto: privat)

noway und Cuxhaven klarmachten, dass sich solch ein hoher Einsatz bei einer relativ so geringen Geldbuße nicht lohnen würde, gab er nach.
Die Reederei zahlte – nach Schalterschluß über die Bank of Scotland unter tatkräftiger Hilfe des Rechtsanwalts John Young. Die „Kiel" und die „Hannover" waren damit endlich frei.

IMMER WIEDER ÄRGER MIT JOHN MARTIN

Zu Weihnachten 1985 schien alles abzulaufen wie in den Jahren davor. Die Crew der „Kiel" hatte sich aus Gewohnheit wie immer in ihr Schicksal ergeben. Nur die Angehörigen konnten und wollten sich noch nicht damit abfinden, dass ihre Familienväter, Bräutigame oder Söhne sich vor Weihnachten an Bord einzufinden und die Festtage auf See zu verbringen hatten. Es deutete somit alles auf eine völlig normale Fangreise hin, als der Trawler am 18. Dezember 1985 von Cuxhaven auslief, um vor Ost- oder Westgrönland, womöglich vor Labrador – je nachdem wo Kapitän Wolfgang Gewiese fündig wurde –, im neuen Jahr dann aber auf jeden Fall in kanadischen Gewässern Kabeljau oder Rotbarsch zu fangen und in seiner

Fabrik zu Tiefkühlfilet zu verarbeiten. Ungewöhnlich war allenfalls eines: 14 Tage nach dem Auslauftermin, am 1. Januar 1986, würde die „Kiel" nicht mehr für die „Nordsee" Deutsche Hochseefischerei GmbH, sondern für den neuen Eigner, die Deutsche Fischfang-Union in Cuxhaven, weltweit unterwegs sein. Nur der Einsatzleiter blieb der gleiche: Manfred Koch. Er sollte auch in dieser Geschichte eine gewichtige Rolle spielen.

Gewiese erinnert sich, dass ihm Kapitän Otto Janssen von der „Mond" eine Warnung mit auf den Weg gegeben hatte: „Wenn zu dir dieser John Martin als Observer an Bord kommt, dann sieh dich vor. Der führt immer was gegen uns im Schilde."

Die kanadischen Lizenzen galten erst ab dem 1. Januar. Deswegen musste die Flotte, zu der die „Kiel" gehörte, die Zeit bis dahin überbrücken und versuchen, unter Grönland ihr Fangglück zu suchen – wenn es die Wetterlage überhaupt erlaubte.

Als Gewiese mit seinem Schiff am 23. Dezember auf dem Fangplatz vor Ostgrönland eintraf, zeigte sich das Wetter, wie häufig um diese Jahreszeit und in diesem Seegebiet, von seiner ungemütlichen Seite. Windstärken von sieben bis neun beeinträchtigten die Fischerei erheblich, und das Netz war zum Ärger des Kapitäns bei jedem Hol nur schwach gefüllt. Deswegen dampften er und die anderen Schiffe der Flotte um Cap Farvel herum zur Südwestküste. Wieder gerieten die Trawler in schlechtes Wetter. Am zweiten Weihnachtstag und am 27. Dezember tobte ein Orkan mit Stärke zwölf aus Südost. An Fischerei war nicht zu denken. Die Schiffe legten sich in den Wind, die Crews waren zur Untätigkeit verurteilt. Daraufhin beschloss Gewiese, sich von der Flotte abzusetzen und weiter nördlich sein Glück zu suchen.

Diese Entscheidung war goldrichtig, denn:

„Wir fingen recht ordentlich, vor allem Kabeljau", erinnert er sich. „Wenn man sich in dem Gebiet gut auskannte, konnte man in einigen Ecken auch viel Rotbarsch erwischen. Jeder Kapitän hatte da so seine speziellen Plätze."

Am 29. Dezember gab die Reederei, die noch für weitere zwei Tage ihren Traditionsnamen tragen durfte, an die „Nordsee"-Flotte die Order: Ab nach Kanada.

Noch während die Kapitäne draußen im eiskalten Nordatlantik auf diesen Funkspruch warteten, hatte die „Nordsee" in Cuxhaven viel Betriebsamkeit entfaltet: Sie beantragte die erforderlichen Lizenzen und bekam sie auch zugesagt. Die Dokumente lagen in St. John's (Neufundland) abholbereit. Das deutsche Fischereischutzboot „Frithjof" übernahm es, sie für alle deutschen Trawler in Empfang zu nehmen und bei dieser Gelegenheit auch gleich die „Observer" von der für die Überwachung der Fänge zuständigen staatlichen Behörde mitzubringen. Auf den Fangplätzen vor Kanada war es

Vorschrift, dass auf jedem Schiff ständig ein Beobachter an Bord war. Sein Auftrag bestand darin, darauf zu achten, dass bei der Fischerei sowie bei der Verarbeitung des Fanges zu Tiefkühlfilet und der Abfälle zu Fischmehl alles mit rechten Dingen zuging, streng nach den erlassenen Auflagen. Zu den Aufgaben eines von der kanadischen Coast Guard (Küstenwache) geschulten Oberservers gehörten etwa die Feststellung der Fangmengen, die Vermessung der Fische, die Untersuchung ihrer Mageninhalte und manche Finessen mehr, mit denen sie den ausländischen Kapitänen, wenn er nur wollte, einige Unannehmlichkeiten bereiten und sie vor unterdrücktem Zorn kochen lassen konnten. Besonders wohl gelitten waren sie an Bord nicht, wenngleich es über ihr Auftreten – stets korrekt und höflich – nichts Nachteiliges zu sagen gab. Sie erfüllten eben nur ihre Pflicht, ihren Auftrag.

Als Wolfgang Gewiese erfuhr, welcher Observer diesmal der „Kiel" zugeteilt war, hatte er plötzlich die Worte seines Kollegen Otto Janssen im Ohr, und der Schreck fuhr ihm förmlich in die Glieder.

Der Mann hieß John Martin.

Gewieses erster Gedanke: Wenn das man gut geht. Es sollte nicht gut gehen und dennoch ein gutes Ende haben. Allerdings nicht für John Martin, der vor Gericht sein persönliches Waterloo erlebte. Doch der Reihe nach:

Besagter John Martin hatte zu allem Überfluss einen Kollegen mitgebracht, der aber nicht auf Dauer auf der „Kiel" verweilen sollte, sondern später für die „Mainz" bestimmt war. Bis dieser Trawler, der sich erst auf dem Anmarsch befand, den Fangplatz erreichen würde, wohnte der zweite Observer jedoch ebenfalls auf der „Kiel" und verbrachte die Zeit damit, dass er John Martin assistierend zur Seite stand. Zwei Augen zuviel – oder doch nicht?

Am 31. Dezember erschien das kanadische Wachboot „Cape Rodger" auf der Position 54 Grad, 11 Minuten West / 52 Grad, 12 Minuten Nord und checkte die mit Lizenzen ausgestatteten Trawler für den Fangbetrieb ein, der am Neujahrsmorgen anlaufen sollte. Dazu kam ein Kommando an Bord, das akribisch kontrollierte, welche Mengen die „Kiel" bereits bei Grönland gefangen und verarbeitet hatte. Dann erst setzte der zuständige Offizier den offiziellen Freigabestempel auf das Lizenzdokument.

Auf dem Fangplatz, der Hamilton-Bank, fand Gewiese Fisch in Hülle und Fülle vor.

„Wir haben praktisch auf Bestellung aus der Fabrik gefischt, die gar nicht nachgekommen wäre, wenn wir nicht immer wieder Pausen eingelegt hätten", denkt Gewiese zurück. „Das Verfahren hatte auch noch den Vorteil, dass die Fabrik ausschließlich fangfrischen Fisch zu Frostfilet verarbeitete und keine Rohware, die stundenlang an Deck gelegen hatte."

Trotz dieser freiwilligen Fangunterbrechungen brachte es die „Kiel" auf stolze Tagesergebnisse von 60 bis 100 Tonnen Frischfisch, und die Fabrik produzierte mit 25 bis 27 Tonnen Filet hart an ihrer Kapazitätsgrenze. So ging das 14 Tage, als sich die Wettersituation plötzlich verschlechterte: Sturm in Stärken neun bis zehn. Diesmal war die Unterbrechung eine unfreiwillige. Bei dieser einen Pause wider Willen sollte es jedoch nicht bleiben, wenngleich die Ursache der nächsten eine gänzlich andere und ihre Wirkung eine dramatische waren. Und eine kostenträchtige dazu.

Es geschah am 14. Januar. Kaum hatte die „Kiel"-Mannschaft das Netz wieder ausgesetzt, als Gewiese über UKW einen Funkspruch der „Cape Rodger" erreichte, mit der Aufforderung, sich umgehend zu melden, und dem üblichen Abschluss: „Over".

„Moment, ich bin gerade am Aussetzen", antwortete der Kapitän. „Ich melde mich später wieder."

Darauf „Cape Rodger": „Stoppen Sie das Aussetzen, wir möchten an Bord kommen."

Gewiese verstand die Welt nicht mehr, er hatte gerade seine Glückssträhne erwischt und wollte ungestört weiter jagen. Als er Einwände vorbrachte, verschärfte der „Cape Rodger"-Kommandant den Tonfall. Gewiese blieb kein Ausweg: Er musste aus der Flotte ausscheren, die ebenfalls gerade am Aussetzen war, und harrte der Dinge, die da kommen sollten. Und sie kamen knüppeldick. Die „Cape Rodger" wies die „Kiel" an, ihr zu folgen, und sie lehnte sogar brüsk Gewieses Angebot ab, ihr beim Boarding – die See ging immer noch sehr hoch – dadurch behilflich zu sein, dass der Trawler sein größeres Boot zur „Cape Rodger" schicken und das Kommando abholen würde.

Zum Übersetzen kam es zunächst nicht. Die „Kiel" folgte dem Küstenwachboot in westlicher Richtung, und Gewiese rief bei der Reederei Einsatzleiter Manfred Koch an. „Ich weiß gar nicht, was die von mir wollen." Koch versprach, herauszufinden was da wohl los sei.

So dampften die beiden Schiffe bis zum nächsten Vormittag um 10 Uhr ungefähr 80 Meilen weiter nahe an die Eisgrenze heran. Nun war die See fast spiegelglatt, und das Kommando hatte keine Mühe, zur „Kiel" überzusetzen. Sie kamen zu viert und wollten die Bücher über die Fischerei einsehen. Der Offizier behauptete nach der Überprüfung, dass die Eintragungen über die Fangmengen unvollständig und nicht korrekt seien, dass die „Kiel" somit illegale Fischerei betreibe.

Jedesmal, wenn Wolfgang Gewiese, der sich keinerlei Schuld bewusst war, dem entgegen hielt („Aber sehen Sie doch, lassen Sie sich bitte überzeugen, dass diese Vorwürfe ungerechtfertigt sind"), antwortete der Kanadier stereotyp:

„Wir sind nicht befugt, das zu beurteilen."

Zu weiteren Auskünften waren die Kanadier nicht bereit. Sie schwiegen eisern. Die Entscheidung sollte mithin den zuständigen Behörden in St. John's überlassen bleiben, und bis zu der Hauptstadt der Provinz Neufundland waren es noch zwei Tagesreisen. Zwei Offiziere blieben auf der „Kiel", die Korvette selbst begleitete den Trawler auf der Seeseite, wohl damit Gewiese nicht ausreißen konnte, und das Wetter war nach wie vor „sauschlecht", wie der Kapitän die Situation auf See beschrieb – Sturm, Minustemperaturen von 16 Grad und starker Eisgang.

„Wenn ihr dort ankommt, sind wir schon da", kündigte Manfred Koch über Norddeich-Radio aus Cuxhaven an. Wir – das waren der Einsatzleiter selbst und der nautische Inspektor, Kapitän Werner Muschkeit. Auch die Maklerfirma „Blue Peter", die in St. John's die Interessen der Reederei vertrat und sich längst in die mysteriöse Affäre eingeschaltet hatte, wartete schon an der Pier auf die Ankunft der Delinquenten.

Für Gewiese ging es fortan darum, Zeit einzusparen und die neuerliche Zwangspause zu verkürzen. Deswegen ließ er kräftig Schraube geben. Die „Cape Rodger" keuchte bei Südwestturm Stärke 8 und starkem Eisgang nebenher.

Gegen Mittag war man gemeinsam losgedampft, am nächsten Morgen um drei weckte der 1. Steuermann Klaus Gerber seinen Käpt'n: „Du musst auf die Brücke kommen. Die ‚Cape Rodger' hat uns mitgeteilt, dass wir aufstoppen müssen." „Was, stoppen!", schrie Gewiese und stürmte an das UKW-Gerät. Da erfuhr er, dass die „Cape Rodger" beschädigt war. Auf dem Vorschiff hatte sich eine so dicke Eisschicht gebildet, dass die Korvette kopflastig geworden war. Das schwere Eis hatte auf dem Peildeck zu allem Überfluss den Magnetkompass losgerissen, außerdem war Wasser in die Brücke eingebrochen.

„Kann ich Ihnen helfen", fragte Gewiese den wachhabenden Offizier. Helfen lassen wollte der sich nicht. Statt dessen beharrte er darauf, dass die „Kiel" auf das Wachboot zu warten habe.

Da wurde Gewiese, eigentlich der Gentleman unter den Trawlerkapitänen, so richtig fuchsteufelswild.

„Ich habe strikte Order, nach St. John's zu laufen, und ich habe keine Zeit zu verlieren. Ich will so bald wie möglich weiterfischen. Sie haben hier zwei Offiziere zur Bewachung an Bord, das muss reichen. Wir dampfen weiter nach St. John's."

„Das geht nicht, wir sind Ihre Eskorte."

Erst als der Kommandant der „Cape Rodger" auf der Brücke erschienen war, erhielt die „Kiel" das Okay zur Weiterreise. Gewiese heute: „Ich wäre auch ohne Erlaubnis nach St. John's gedampft. Schließlich bestand für die ‚Cape Rodger' keine Gefahr."

Nach gut anderthalb Tagen Fahrt tauchte am 16. Januar am Horizont die Hafenstadt auf. An ein Einlaufen war nicht zu denken, weil sich nun auch über das Vorschiff des Trawlers ein dicker Eispanzer gelegt hatte. Die Poller waren verschwunden, die Klüsen dicht. Die Besatzung hatte drei Stunden zu rackern, ehe sie Poller und Klüsen mit Heißwasser freigespült hatte.*)

Als die „Kiel" gegen 11 Uhr an der Pier festmachte, standen auf der Kaje schon Manfred Koch und Werner Muschkeit. Sie kannten längst, wovon Gewiese noch nicht den blassesten Schimmer hatte: den Grund der Arrestierung: Die Kanadier warfen dem Kapitän vor, 300 Tonnen Kabeljau in seinen Aufzeichnungen wissentlich unterschlagen zu haben. Da fiel Gewiese wieder ein: Er hatte selbst zugestimmt, und er wusste es wohl auch, dass John Martin immer wieder verschlüsselte Funksprüche an seine Behörde absetzte. Gewiese hatte sie vorher sogar selbst durchgelesen. Weil er jedoch den Code nicht kannte, verstand er ihren Sinn nicht. „Solche Codes hatten die Observer in den Jahren davor nicht verwendet."

Mit Koch und Muschkeit kam auch eine Meute Kanadier an Bord: Beamte der Coast Guard, Biologen, Netzexperten und andere Fachleute. Das Procedere nahm seinen Lauf. Der Lade- und der Fischmehlraum wurden vermessen, und die Coast Guard zog die Bücher der „Kiel" ein. Nachts gegen 23 Uhr kam der Offizier der Coast Guard, der auch die Fahrt nach St. John's auf dem Trawler mitgemacht hatte, an Bord und teilte Gewiese lakonisch mit, dass „sein" Schiff samt Ladung und Fanggeschirr konfisziert sei.

„Das ist nicht mein Schiff, es gehört der Reederei."

So musste Manfred Koch den Arrestbescheid quittieren.

Die gründliche und im Ergebnis für einen Mann namens John Martin hochnotpeinliche Untersuchung lief weiter. Die Experten ermittelten die eingelagerten Mengen an Frostfisch und Fischmehl, ließen nicht das kleinste Detail außer Acht und fertigten in den nächsten Tagen ihr Gutachten an. Die Reederei hatte mit Hilfe ihres Maklers, der Blue Peter Steamship Ltd. in St. John's, ebenfalls ein Gutachten in Auftrag gegeben – bei John Stubbs, Naval Architect und Marine Surveyor, frei übersetzt: bei einem auf Schiffbau und Schiffe spezialisierten Ingenieurbüro, mit dem Sitz in Long Pond, Manuels, Newfoundland.

Als Gewiese nach sechs Tagen die beiden Expertisen durchlas, rieb er sich verwundert die Augen, hatte aber auch Anlass zur Genugtuung: Beide Ergebnisse waren mit seinen Aufzeichnungen nahezu deckungsgleich. Beim Tiefkühlfilet kamen die Experten auf eine Tonne, beim Fischmehl sogar auf einen Sack an seine Zahl heran.

Es blieb nur noch der Vorwurf der angeblich unterschlagenen 300 Tonnen

---

*) Zwei Tage darauf stand Gewiese mit dem Nautischen Inspektor, Kapitän Muschkeit, im Hotelzimmer am Fenster und schaute auf das Wasser hinaus. Wie es der Zufall wollte, schlich in diesen Minuten gerade die „Cape Rodger" in den Hafen. „Mit Hängeohren", beschrieb der Kapitän leicht schadenfroh ihren Mitleid erregenden Anblick. „Gut, dass ich auf die nicht gewartet habe."

Rohware. Wie sie verschwunden sein könnten, dafür boten die Kanadier die unsinnigste aller Erklärungen an: Gewiese hätte sie einfach über Bord werfen lassen.

Die Ermittlungen dauerten geschlagene acht Tage. Am Ende mussten die Reedereivertreter und Gewiese vormittags auf dem Gericht erscheinen. So unglaublich das auch bei der gegebenen Sachlage klang: Die Kanadier forderten als Kaution zwei Millionen Deutsche Mark, zu hinterlegen in kanadischen Dollars. Bevor das Geld nicht in Kanada eingetroffen sei, dürfe die „Kiel" nicht auslaufen, entschied die Behörde. Danach erst bekäme das Schiff seine Lizenz wieder, dazu einen neuen Observer, und dürfte in kanadischen Gewässern seine Restquote abfischen.

Da war Holland in Not für die Deutschen an Kanadas Ostküste. Das Problem musste Manfred Koch lösen: Wie ließ sich der Riesenbetrag so schnell wie möglich aus Deutschland herbeischaffen? Und welche Sicherheiten konnte die Reederei der Bank bieten? Die Fischfang-Union existierte schließlich erst seit wenigen Tagen und war noch nicht ins Handelsregister eingetragen. Koch setzte auf die Vertrauenswürdigkeit ihrer Repräsentanten und rief Werner Redomske an, den Direktor der Vereins- und Westbank-Filiale in Cuxhaven. Der wollte gerade Feierabend machen. Sowohl Koch als auch Gewiese kannten ihn gut.

„Du musst die zwei Millionen beschaffen und auf den Weg bringen, und zwar sofort", ließ Koch den Hinweis, auch bei der Hamburger Bankzentrale sei inzwischen der Feierabend eingekehrt (Gewiese: „Er wurde richtig laut am Telefon zum lieben Werner"), nicht gelten.

Redomske versprach, alles zu unternehmen, was in seiner Macht stand, aber der Weg von Cuxhaven über Hamburg, Frankfurt und London bis Montreal ist nun einmal ein weiter und für Geldtransfers in Millionenhöhe ein extrem umständlicher.

Nach zwei Tagen waren die zwei Millionen zwar in Montreal registriert, aber noch längst nicht in St. John's angekommen. Gut, dass es „Blue Peter" gab. Die Chefs der Maklerfirma erklärten sich bereit, für den Betrag zu bürgen. Bei der Bank of Nova Scotia unterschrieben sie in Anwesenheit von Koch die Bürgschaftsurkunde, auf dem Gericht erhielt Gewiese seine Lizenz zurück und konnte mit einem neuen Oberserver seine Fangreise fortsetzen – mit der Auflage, am 24. März 1986 um 10 Uhr Ortszeit zum Voruntersuchungsverfahren auf dem Gericht der Provinz Neufundland, Bezirk St. John's, zu erscheinen. Die Verhandlung war auf vier Tage angesetzt.

Der zweite Teil der Reise nahm einen überaus glücklichen Verlauf. Als die „Kiel" den Fangplatz erreichte, traf sie keinen anderen deutschen Trawler mehr an. Das Gros der Flotte hat sein Kontingent inzwischen abgefischt und war nach Grönland weitergedampft. Gewiese aber hatte noch genug Quote – exakt 350 Tonnen – und fischte sie ruckzuck ab. Er setzte seinen

Oberserver ab, nahm Kurs auf Neufundland zum Flemish Cap und fand sich auf den Grand Banks ganz allein wieder. Und erneut, als wenn es eine ausgleichende Gerechtigkeit gäbe, stand ihm das Fangglück zur Seite. Aber nur für einige Tage – dann schrumpften die Fänge. Sein nächstes Ziel waren die Hebriden bei Schottland, diesmal aber kam ein Gefühl der Einsamkeit nicht auf. Auch die übrigen Schiffe der Flotte wollten wie die „Kiel" auf Seelachs fischen. Nur Gewiese erwischte ihn in großen Mengen, die anderen fingen beträchtlich weniger. „Über die Ursachen wird heute noch gegrübelt", weiß der Kapitän, der selbst keine schlüssige Erklärung dafür geben konnte oder wollte. So machte das Schiff trotz der länger als einwöchigen Unterbrechung auf Geheiß der kanadischen Coast Guard die beste Reise der gesamten Flotte. Sie dauerte 65 Tage. Das Gesamtergebnis: 2700 Tonnen Rohware, die als 840 Tonnen Frostfilet und 320 Tonnen Fischmehl angelandet wurden.

Für die nächste Reise übernahm Kapitän Karl-Heinz (Charly) Behrensen die „Kiel", Wolfgang Gewiese aber blieb an Land, um sich in Ruhe auf die Verhandlung in St. John's vorzubereiten. Zwei Tage vor Prozessbeginn flogen Werner Muschkeit, der mit seinen selbst erworbenen Kenntnissen in Seerechtsfragen eine wertvolle Hilfe sein sollte, und Gewiese nach Kanada, und beim Abschied versprach der „Kiel"-Kapitän seiner Frau:

„Mach dir keine Sorgen, Elke, Karfreitag bin ich wieder zu Hause." Zur Erklärung: Das wäre am 28. März 1986 gewesen. Wie sollte er sich da geirrt haben.

Nach ihrer Ankunft in St. John's trafen sich die beiden aus Cuxhaven mit dem kanadischen Anwalt und dem als Dolmetscher tätigen Schiffshändler Wulf Stender, einem aus Lübeck gebürtigen Deutschen. Fünfter in der Runde war der deutsche Honorarkonsul für Neufundland, Guenter K. Sann, dessen Empörung unüberhör- und unübersehbar war, als der Richter ihn im Verlauf der Verhandlung als weiteren Dolmetscher ablehnte, weil er womöglich befangen sein und das Amt nicht neutral genug ausüben könnte.

Als er den Gerichtssaal betrat, mochte Gewiese seinen Augen kaum trauen. Vor ihm stand ein großes, perfekt gebautes und maßstabgetreues Modell der Fabrik seiner „Kiel". Dazu sah er sich einer Schar kanadischer Experten gegenüber: Biologen, Fischexperten und Netzexperten zur Ermittlung der sogenannten Selektivitäten von Netzen (damit ist gemeint, dass bei jedem Hol nur Fische von einer bestimmten Größe aufwärts im Netz verbleiben dürfen).

Als „Prozessgegner", wann man so will, standen sich Wolfgang Gewiese und John Martin gegenüber, die ihre Argumente und Gegenargumente vorbrachten und sie in Kreuzverhören verteidigten.

In diesem Schlagabtausch sollte dem Modell der Fabrik ein vielleicht sogar

Werner Muschkeit als junger Kapitän und Heringskönig (Foto: privat)

entscheidender Part zukommen, aber mit einem anderen Ergebnis, als es der Observer und die Coast Guard eigentlich erreichen wollten. Schon am Ende des ersten Prozesstages hatte der „Kiel"-Kapitän eine Idee, wie er John Martin widerlegen und ihm gleichzeitig die goldene Brücke eines entschuldbaren Irrtums bauen konnte: Er ging in einen Supermarkt und kaufte eine große Tüte, angefüllt mit grobkörnigem Reis.

Am nächsten Vormittag schüttete er mit dem Einverständnis des Bezirksrichters L. W. Wicks, der die Verhandlung leitete, die Körner, von denen jedes einen Fisch darstellen sollte, in die Fabrik, simulierte mit der Fabrik Schaukelbewegungen, die der Situation auf dem Fangplatz bei dem herrschenden hohen Seegang nahe kamen, ließ das Schiff mal zur einen, mal zur anderen Seite überholen, und das Experiment gelang in seinem Sinne:

Die Reiskörner lagen überwiegend ganz vorn in den einzelnen Fächern, und dahinter zeigten sich größere Leerräume.

„Vielleicht haben Sie sich durch diesen Anblick täuschen lassen und irrtümlich geglaubt, die Hocks seien bereits gefüllt gewesen", bot Gewiese dem Observer eine Erklärung für dessen offensichtlich falsche Schlussfolgerung an – quasi als Ausweg aus der Klemme, in der er steckte, als seine Anschuldigungen nach und nach wie ein Kartenhaus in sich zusammenfielen.

Dem Richter sagte er:

„Sie müssen sich vorstellen, da kommen 30 Tonnen Kabeljau und fünf Tonnen Wasser hereingespült. Das schwappt dann bei hoher See hin und her."

Auch den sogenannten Beifang brachte Gewiese ins Spiel. Gerade in diesen Gewässern und zu der Jahreszeit gerieten riesige Fische, die wie Steinbeißer, also Katfische, aussehen, aber fünfmal so groß waren, besonders zahlreich ins Netz. „Wir nannten sie Wasserkatzen. Sie waren ungenießbar und nicht einmal für Fischmehl zu verwerten, weil sie die Anlage verstopften", so Gewiese. „Die mussten wir in der Tat über Bord schmeißen."

Die Beweisaufnahme in dem Prozess – es war im Grunde nur ein Voruntersuchungsverfahren – vor dem Gericht der Provinz Neufundland, Bezirk St. John's, sollte, unterbrochen von den Osterfeiertagen, nicht vier Tage, sondern geschlagene zwei Wochen währen. Bezirksrichter L. W. Wicks, von dem Gewiese manchmal dachte, er schlummere sanft auf seinem Thron, der in Wirklichkeit aber hellwach war und jedes Detail einer Aussage aufmerksam zur Kenntnis nahm, leitete die Verhandlung ebenso akribisch wie fair und neutral. Es ging letztendlich und tatsächlich nur noch um die eine einzige, die alles entscheidende Frage: Wo waren jene 300 Tonnen Kabeljau geblieben, die nach Meinung von John Martin gefangen, aber von Wolfgang Gewiese in seinen „frisierten" Aufzeichnungen, so der Vorwurf, unterschlagen worden waren? Gegenfrage des Deutschen: Wie konnte er die – wohlgemerkt – 300 Tonnen Kabeljau, die niemals in der Fabrik ankamen, so unbemerkt vom Arbeitsdeck verschwinden lassen, und vor allem, warum sollte er solchen wirtschaftlichen Unfug überhaupt anordnen?

„Herr Richter, wenn ich diese 300 Tonnen hier abkippen lassen würde, ist der Saal bis zur Decke angefüllt", machte Gewiese mit einem plastischen Vergleich deutlich, um welche Riesenmenge es in dieser Voruntersuchung ging – um mindestens drei Tagesfänge bei allerbesten Bedingungen. John Martins Argument, Gewiese habe die 300 Tonnen einfach über Bord werfen lassen oder es bewusst versäumt, „unter den allgegenwärtigen und wachsamen Blicken des misstrauischen kanadischen Observers über diesen Fang korrekt Buch zu führen", stieß beim vorsitzenden Richter auf taube Ohren.

„Diese These ergibt überhaupt keinen Sinn."

In seinem am darauf folgenden Tage verkündeten Beschluss (Prozessgegner in dem Voruntersuchungsverfahren waren formell Ihre Majestät die Königin und Wolfgang Gewiese, welchem gewöhnlichen Sterblichen widerfährt schon solche Ehre wie dem Nordholzer Kapitän) kam Richter L. W. Wicks zu bemerkenswerten Erkenntnissen. Zitate daraus:

„Es ist überaus wünschenswert, ja sogar unbedingt erforderlich, dass Kanada die Ressourcen seiner Fischereizone auf seine Weise verwaltet. Es muss sich dabei jedoch stets an internationale Verpflichtungen halten, und zwar so, dass Kanadas Ruf als eine Nation, die sehr großen Wert auf die Gleichbehandlung aller Menschen und in der der Gedanke des Fairplay und die korrekte Anwendung der gesetzlichen Bestimmungen tief verwurzelt sind, keinen Schaden nimmt."

Dem „Kiel"-Kapitän ließ der Richter goldene Worte ins Protokoll schreiben:

„Als ich mir die Beweisführung in dieser Sache anhörte, war ich beeindruckt von der Offenheit Kapitän Gewieses und trotz Übersetzungsschwierigkeiten davon überzeugt, dass es sich bei ihm um einen ehrbaren Mann handelt, der meiner Meinung nach nicht die Absicht hatte – keinen ‚mens rea', wie wir es manchmal nennen –, seine gesetzlichen Verpflichtungen zu umgehen. Ich bin von Grund auf überzeugt, dass jede Unstimmigkeit, jede tatsächliche Unstimmigkeit in den Zahlen des Kapitäns auf Faktoren zurückzuführen ist, die zu Recht dem Wesen dieses Gewerbes zugeschrieben werden können und nicht einem Plan, die Quote übersteigen oder kanadisches Recht bzw. das Langzeitabkommen anderweitig umgehen zu wollen."

Die Offiziere der „Cape Rodger" mussten sich indirekt sagen lassen, dass sie wohl den Einflüsterungen des Observers unterlegen waren.

„Was die Offiziere anbetrifft, so muss ich ihnen nochmals meinen Respekt dafür aussprechen, dass sie einen solch überaus gefährlichen und schwierigen Beruf ausüben. Ich bin sicher, dass sie ihre Arbeit gut machen. Ich neige jedoch zu der Auffassung, dass man sie in diesem Fall in einem Szenario mit fest umrissenen Vorstellungen konfrontierte, die von einem beträchtlichen Maß an Genauigkeit und Misstrauen geprägt waren und nach denen sie dann zu arbeiten hatten."

Das galt Observer John Martin, der bei Richter Wicks gar nicht gut wegkam. Der Richter zeigte sich überrascht von der Ungerechtigkeit der auf See geübten Praktik (des Observers gegenüber dem Kapitän), als er ausführte:

„Es scheint mir, dass, wenn jemand mit einem anderen ein Abkommen schließt, man von beiden Vertragspartnern ein angemessenes Maß an gegenseitigem Vertrauen und Respekt erwarten muss, wenn dieses Abkommen gute Aussicht auf anhaltende freundschaftliche Beziehungen haben soll. Wäre dem System nicht mehr gedient, dass der Observer, wenn er eine Unstimmigkeit, Unregelmäßigkeit oder eine andere Abweichung des Kapitäns von der vorgeschriebenen Norm ihm dieses direkt mitteilt, anstatt dass ein Apparat diese Aufgabe übernimmt, der fast schon den Anschein einer Art von Falle erweckt?"

L. W. Wicks leitete, wie erwähnt, nur die Voruntersuchung. „Ich würde", schrieb er in seinen Beschluss hinein, „wenn ich einem Strafverfahren als Richter vorstünde, diesen Fall, ohne zu zögern, niederschlagen."

So geschah es dann auch. Es wurde erst gar keine Anklage erhoben. Wolfgang Gewiese und Werner Muschkeit nahmen noch am gleichen Abend den ersten Flieger Richtung Heimat: „Ganz vornehm, mit der Air Canada in der First Class." Warum auch nicht: Schließlich erhielt die Reederei ihre zwei Millionen zurück.

DIE KONTROLLEURE KAMEN AUS DER LUFT

Der Helikopter der norwegischen Küstenwache umkreiste unentwegt den Trawler „Wiesbaden" der Deutschen Fischfang-Union (DFFU) und forderte ihn mindestens sieben oder acht Mal über UKW auf, sich zu melden, erhielt aber keine Antwort. Dafür hörte Kapitän Wolfgang Gewiese mit, der auf der Brücke des Fangfabrikschiffes „Kiel" stand. Die Szene am 6. März 1988 auf dem Fangplatz Fugløybanken nordwestlich der Hafenstadt Harstad wirkte fast gespenstisch: Bei strahlendem Sonnenschein lag da nicht etwa der fliegende Holländer, sondern ein hochmodernes Fangfabrikschiff in der spiegelglatten See, und auf dem Oberdeck ließ sich keine Menschenseele blicken. Der Pilot steuerte sein Fluggerät vorsichtig an die Brücke heran – sie war ebenfalls verwaist. Die Männer im Hubschrauber ahnten auch, warum: Auf der „Wiesbaden" wurde offensichtlich jede Hand bis hinauf zu der des Käpt'ns unter Deck benötigt, weil der kurz zuvor geborgene Fang zügig in die Fabrik geschafft werden musste. Deswegen nahm die fliegende Abordnung des Wachbootes „Senja" kurzentschlossen anstelle des eigentlich ausgeguckten Opfers ein anderes, ganz in der Nähe fischendes Schiff für eine der Inspektionen ins Fadenkreuz, die in diesem Seegebiet damals zum Alltag gehörten. Wieder einmal traf es die „Kiel".

Für Gewiese wäre es ein vermeidbares Pech gewesen. Hätte er die Anweisungen der Reederei befolgt, würde er an diesem Donnerstag nicht an der norwegischen Küste, sondern Tagesreisen davon entfernt westlich von Schottland ausgesetzt und gleichfalls auf Seelachs gefischt haben. Aber er entschied sich nun einmal anders – aus Gründen, deren Für und Wider er wohl abgewogen hatte. Die „Kiel" war, wie vorgesehen, Mitte Februar ausgelaufen und zu den Hebriden gedampft. Beim so genannten „Ohr" nordwestlich von Schottland stieß man zwar auf Seelachs, nicht jedoch in Mengen, die ein Weiterfischen hätten lohnenswert erscheinen lassen. Deswegen nahm die „Kiel" westlichen Kurs auf das Rockall-Plateau, einen gut 150 Meilen von der Küste entfernt liegenden Felsen, auf den die Briten nach und nach einige hundert Tonnen Beton hatten kippen lassen, damit er stets ein Stück aus dem Wasser ragte und somit als Bestandteil des Festlandssockels, als ihr Territorium gelten konnte. Wieder fielen die Fänge so dürftig aus, dass die Fabrik auch nicht annähernd ausgelastet war.

Gewiese suchte weiter, nochmals beim „Ohr", dann wieder beim Rockall-Plateau, und weil er nicht genug fand, steuerte er Nordnorwegen an, obwohl der Auftrag der Reederei unmissverständlich gelautet hatte: „Fischen Sie bei den Hebriden."

Als die Inselgruppe bereits viele hundert Meilen zurücklag und die „Kiel" sich in der nördlichen Nordsee befand, erreichte Gewiese ein Anruf seines Kapitänskollegen Hans Krüger vom Fangfabrikschiff „Mond". Just von dort, von wo die „Kiel" gerade hergekommen war und nicht genug gefischt hatte, meldete Krüger „knüppeldicke Fänge". Was tun …

Es kommt höchst selten vor, dass ein Trawlerkapitän einem anderen einen guten Tipp gibt, selbst wenn beide Schiffe mit der gleichen Schornsteinmarke fahren. Sollte er dem Wink des Schicksals folgen, auf Gegenkurs gehen und damit womöglich drei Tage verschenken, oder doch weiterdampfen Richtung norwegische Küste, an der er die „Wiesbaden" wusste. Als erfahrener Kapitän durfte er davon ausgehen, dass auch in diesem Fanggebiet genug Seelachs zu finden sein müsste. Wolfgang Gewiese beschloss, als höhere, ratgebende Instanz Einsatzleiter Manfred Koch anzurufen, selbst unter der Gefahr, dass er sich wegen seiner Eigenmächtigkeit einen telefonischen Rüffel einfangen könnte. Der DFFU-Geschäftsführer hatte schließlich noch nicht die geringste Ahnung von Gewieses Alleingang in Richtung Norwegen.

Es war Sonntag, der 28. Februar 1988. Manfred Koch nahm zu Hause den Hörer nicht ab, konnte ihn auch nicht abnehmen. Gewiese erreichte jedoch Helke Wrede, die allwissende Sekretärin des Geschäftsführers und Einsatzleiters: „Herrn Koch möchten Sie sprechen? Der ist in Hamburg …" So musste Gewiese allein entscheiden, und er entschied sich für Norwegen, weil er die Erfahrung gemacht hatte, dass man nicht anderen Trawlern hinterherfahren sollte, die gerade gut gefangen hatten, sondern dass man den Fisch tunlichst selber suchen, finden und fangen sollte. Übrigens eines seiner Erfolgsrezepte.

Am nächsten Tag, dem 29. Februar – 1988 war ein Schaltjahr –, schickte Kapitän Gewiese, wie vorgeschrieben, 24 Stunden vor der Ankunft auf dem Fangplatz seine Aktivmeldung an die norwegische Fischereibehörde ab. Das Netz hatte er aber erstmals am Freitag, 4. März, aussetzen lassen und nicht, so steht es in den Vorschriften der Norweger, 24 Stunden nach der

Aktivmeldung. Diese zeitliche Differenz sollte ihm die Küstenwache später als Vorstoß gegen geltendes Fischereirecht ankreiden.

Die „Kiel" begann deswegen nicht auf der zunächst angesteuerten Swinø-bank mit der Fischerei, weil jegliche Anzeigen ausblieben, die auf Seelachs-schwärme hingedeutet hätten. Ein zweiter Grund: Das Fanggebiet war mit Stellnetzen und Langleinen förmlich „zugepflastert". Gewiese suchte danach bei Røst an der Lofotenspitze – mit dem gleichen niederschmetternden Ergebnis. Allmählich begann er schon, sich an den Kopf zu fassen, warum er nicht um alles in der Welt dem Lockruf der „Mond" von den Hebriden gefolgt war. Was aber ein richtiger Trawlerkapitän ist, der gibt nicht so leicht klein bei. Die „Kiel" dampfte weiter zur Fugløybanken, bei den deutschen Hochseefischern besser bekannt als Nordwestbank. Gewiese traf dort nicht nur die „Wiesbaden" an, sondern entdeckte endlich auch große Mengen Seelachs.

„Eigentlich müsste man meilenweit gehört haben, welch großer Felsbrocken mir in diesem Augenblick von der Seele fiel."

Allerdings – und dieser Umstand bereitete ihm nach dem ersten Hol schon einige Sorgen – verfing sich nur recht kleiner Seelachs im gut gefüllten Steert des Netzes. 35 Zentimeter lange – von der Maulspitze bis zum Schwanzende gemessen – waren erlaubt, aber einige kamen nur auf 33, andere wiederum 37 Zentimeter Länge. „Wenn man so am Fischen ist, sind die selbstverständlich alle 37 Zentimeter lang. Die kleineren übersieht man geflissentlich", gibt Gewiese zu. „Für uns war das sogar eine Ware, die sich besonders gut für die maschinelle Verarbeitung eignete."

Diese Sorglosigkeit sollte sich rächen – der Küstenwache reichte sie für einen weiteren Anklagepunkt.

Die Größe der Fische ist jedoch nicht unbedingt mit der Menge des Fanges gleichzusetzen, und die ließ die Herzen der Fischerleute höher schlagen. Drei Tage lief der Fangbetrieb mit Ergebnissen, wie man sie sich besser kaum wünschen könnte.

Bis der Hubschrauber der Küstenwache kam.

Auf der „Wiesbaden" hatte man den Fang schon unter Deck befördert. Die „Kiel" lag beim Hievvorgang zeitlich leicht im Rückstand. Nur der Steert befand sich noch im Wasser. Weil Gewiese schwante, was da auf ihn zukam („Das mit der Länge der Fische war ein Grenzfall ..."), ließ er seine Männer in fieberhafter Eile den Steert einholen und auskippen.

Da passierte es auch schon: Der Hubschrauber funkte als zweites Schiff seine eine viertel Meile von der „Wiesbaden" entfernt fischende „Kiel" an, auf der genug Männer an Deck zu sehen waren:

„Wir wollen zu Ihnen an Bord kommen", hieß es. „Stellen Sie sofort alle Aktivitäten ein."

Bevor die drei Beamten der norwegischen Küstenwache sich abseilen konnten und das Deck betraten, hatte die „Kiel"-Crew den Fang noch schnell nach unten geschaufelt. Eine normale Inspektion lief an. Man stellte sich gegenseitig vor, und die Beamten sahen die Schiffspapiere ein. Als sie anfingen, die Netze durchzumessen, hielt sich Gewiese aus gutem Grund nicht an Deck, sondern in der Fabrik auf, weil es aus seiner Sicht – wie sollte er sich da geirrt haben – oben nichts zu beanstanden gab. Er kümmerte sich vielmehr um die Länge der gefangenen Fische und dachte bei sich: Das wird knapp.

Die nächste Amtshandlung der Männer von der Küstenwache bestand darin, dass sie sich gründlich in der Fabrik umsahen. Zum Abschluss ihrer Kontrolle ließen sie sich auf der Brücke die Bücher zeigen, um festzustellen, ob die Eintragungen korrekt waren und mit ihren Feststellungen übereinstimmten.

Zur Abschlussbesprechung bat der Kapitän die Norweger in seine Kammer. („Das habe ich nach dieser Erfahrung nie wieder getan ...") Gewiese ließ sie für einige Augenblicke allein, ging noch einmal auf die Brücke und sah, als er wieder die Kammer betrat, im Vorbeigehen auf dem Tisch die Aufzeichnungen des Offiziers liegen. Er entdeckte Zahlenreihen, die ihn misstrauisch werden ließen. 125 128 128 128 126 130 129 127 und so fort. Darin kannte er sich aus.

„Was sind denn das für Zahlen", fragte er nach.

„Das sind Ihre Netzmaschenweiten", antwortete der das Kommando leitende Fischereiinspektor, Leutnant Ivar Reiten, der als Zeugen den Matrosen Roger Kristoffersen mit zur Abschlussbesprechung (sie sollte vier Stunden dauern) genommen hatte.

Gewiese parierte sofort und, wie er glaubte, wahrheitsgetreu:

„Damit das klar ist: Das sind nicht meine Maschen. Wir gehen jetzt gemeinsam nach unten und messen nach. Sie werden schon sehen, dass die Maschenweiten okay sind."

Am Steert war, und das sagte der Küstenwachmann auch vorweg, tatsächlich alles okay, aber beim Anblick des sogenannten Tunnels konnte Gewiese nur noch eines denken: Scheibenkleister. Noch bei den letzten acht Metern des Steerts entsprachen die Maschenweiten millimetergenau den für den Seelachsfang bestehenden amtlichen Vorgaben. Aber dieser Tunnel: Das Netzteil bestand aus einem ganz anderen Material, aus Perlon nämlich, und die Maschen schienen irgend wie geschrumpft zu sein. Wäre Gewiese das vorher aufgefallen, hätte er sicherlich nicht so vehement protestiert. Der Netzmacher hatte offensichtlich nicht darauf geachtet, dass das Perlongarn des „Tunnels" versandet war und sich weiter zusammengezogen hatte. Dass Perlon diese Eigenschaft hat, wusste Gewiese seit langem.

Leutnant Reiten in seiner Eigenschaft als Fischereiinspektor hatte aber noch mehr zu bekritteln. Zwei Tage später, am 6. März 1988, fasste der

Schiffsführer der „Senja", Oberleutnant Jostein Egeland, die Beanstandungen in seinem Schreiben an den Polizeidirektor in Harstad in sieben Anklagepunkten zusammen. Eigentlich waren es Kleinigkeiten, Petitessen. Dafür ein Beispiel: So hatte es Gewiese unabsichtlich unterlassen, jene Mengen, die die „Kiel" bereits in den Kühlräumen eingelagert hatte, bei der Anmeldung vom EU-Faktor – Norwegen war und ist bekanntlich kein Mitglied der Europäischen Union – in den norwegischen Faktor umzurechnen. Nach der EU-Rechnung waren es 50 350 Kilogramm, nach der norwegischen 45 300. Die Differenz von 5050 Kilogramm wäre wohl zu vernachlässigen gewesen, aber auf der „Senja", die der Küstenwache als Ausbildungsschiff diente, nahm man es seit eh und je pingeliger als auf den anderen Wachbooten, musste man wohl auch, um den auszubildenden Küstenwachmännern zu zeigen, worauf sie bei Kontrollen zu achten hätten. Der „Senja"-Kommandant rechnete aufs Genaueste bis auf die zweite Stelle hinterm Komma und kam so auf ein „Überrapportieren von 11,04 Prozent Rohware".

Ebenfalls etwas kleinlich, aber absolut korrekt beanstandete der Fischereiinspektor, dass die „Kiel" nicht spätestens 24 Stunden nach der Aktivmeldung, der Anmeldung also, auf dem von Gewiese exakt angegebenen Fangplatz das Geschirr ausgesetzt hatte, sondern erst drei Tage später. Dabei leuchtete die Begründung des Kapitäns für diese Unterlassung durchaus ein: Er hatte auf der Fischlupe trotz intensiven Suchens keinerlei Anzeigen entdeckt, die auf Seelachsschwärme hingedeutet hätten. Norwegens Küste ist lang, und sie abzufahren, dauert lange. Dem Fischereiinspektor gab er außerdem zu verstehen, dass er ständig auf die vielen, von den norwegischen Fischern in diesem Seegebiet ausgelegten Stellnetze und Angeln zu achten hatte.

Alle Erklärungen, so logisch sie auch waren, halfen nichts.

„Wir sind nicht befugt, bei Ihnen an Bord Entscheidungen zu treffen", sagte der Offizier, der sich auf den Fangplätzen selbstverständlich auskannte und daher wusste, dass Gewiese gar nicht hätte aussetzen können, selbst wenn er es gewollt hätte. Lakonisch schloss er mit dem Satz: „Sie stehen unter Arrest."

Im Hafen von Harstad hatte man schon auf die Ankunft der „Kiel" gewartet, und der nicht gerade freundliche Empfang ließ darauf schließen, dass bei den Norwegern die Ressentiments gegenüber Deutschland und den Deutschen immer noch stark ausgeprägt waren, obwohl der Zweite Weltkrieg, in dem die nationalbewusste Bevölkerung so bitter unter der deutschen Besatzungsmacht zu leiden hatte, zu diesem Zeitpunkt bereits 43 Jahre zurücklag. Die „Senja" führte den Triumphzug an, die „Kiel" als „fetten Braten" in ihrem Kielwasser, auf der Pier warteten schon die von Presse und Radio aufgescheuchten Neugierigen. Aus deren Reihen waren Rufe wie „Heil Hitler" und „Nazis" zu vernehmen. „In Harstad mochten wir nicht gerne an Land gehen", denkt Gewiese mit Unbehagen an die damaligen Ereignisse zurück.

Mittags hatte der Trawler festgemacht, und Reedereichef Manfred Koch ließ derweil in der Cuxhavener Zentrale die günstigste Flugverbindung nach Nordnorwegen heraussuchen. Makler Holst, der die DFFU in Harstad vertrat und selbst Trawler bereederte, kam an Bord und entwickelte mit Gewiese den Schlachtplan für die unweigerlich bevorstehende Verhandlung.

Am nächsten Vormittag um 10.30 Uhr erschienen die Parteien im Polizeipräsidium. Als Dolmetscherin trat eine norwegische Lehrerin auf, die perfekt deutsch sprach. Harstads oberster Polizist leitete die Verhandlung umsichtig und fair, und vor allem ließ er erkennen, dass er sich nicht nur in den Gesetzen, sondern auch in der Fischereipraxis recht gut auskannte. So nahm er den Vorwurf, dass Gewiese bei der Aktivmeldung, wenngleich aus Unwissenheit, seine in den Kühlräumen befindliche Fangmenge nicht in den norwegischen Faktor umgerechnet hatte, kaum ernst. Und auch den Umstand, dass die „Kiel" regelwidrig zu lange in einem Gebiet gefischt habe, in dem sich, wie allgemein und auch Gewiese bekannt war, zumeist junge Fische aufhalten, sah er nicht als besonders schwerwiegend an. Er stimmte mit Gewiese sogar darin überein, dass der „Blaue", wie die Fischerleute den Seelachs oder Köhler zu nennen pflegen, ein sehr schneller Fisch ist, der sich ständig in Bewegung befindet. So könne es passieren, argumentierte der Kapitän, dass auf dem gleichen Fangplatz, in dem anfangs nur kleinere „Blaue" ins Netz gehen, schon einige Stunden später urplötzlich größere Exemplare auftauchen.

Nicht so einfach beiseite wischen ließ sich die Feststellung der Küstenwache, dass der Netztunnel nun wirklich nicht den Vorschriften entsprach. Gewiese erläuterte zwar dem Polizeipräsidenten, der sein Argument auch nachzuvollziehen, aber dennoch nicht als Entlastung zu akzeptieren vermochte, dass sich im Tunnel kaum Fische verfangen, aber die Tatsache als solche ließ sich nun einmal nicht aus der Welt schaffen, und das Corpus delicti lag immer noch als Beweisstück an Deck: Die Maschenweite an diesem Netzteil war viel zu gering. Die Küstenwache und die für die Kontrolle an Land zuständige Behörde hatten das Netz vor der Verhandlung sogar noch einmal in den Hafen tauchen lassen, weil die Maschen nur im nassen Zustand nachgemessen werden dürfen. Als es dann wieder an Deck lag, hatten sich die Maschen sogar noch um weitere Millimeter zusammengezogen.

„Für diesen Verstoß gegen die Vorschriften übernahm ich die alleinige Verantwortung", erinnert sich Gewiese. „Und den Tunnel haben wir später entsorgt."

Der Kapitän trug im übrigen durch sein Verhalten wesentlich dazu bei, dass während der Verhandlung ein zunehmend angenehmer, beinahe freundschaftlicher Ton um sich griff. Gewiese versagte es sich strikt, zu irgendwelchen Tricks oder gar Notlügen zu greifen; er unternahm im Gegenteil alles Erforderliche, um an der Aufklärung der Vorwürfe mitzuwirken und fachkundige Erläuterungen zu den einzelnen Anklagepunkten zu geben. Als hilfreich für ihn und die Reederei erwies sich ferner im nachhinein, dass er zur Verhandlung die lückenlosen Unterlagen über alle Kontrollen mitgebracht hatte, die seine „Kiel" in den zehn Jahren zuvor in norwegischen Gewässern über sich hatte ergehen lassen müssen. Bei keiner dieser Inspektionen hatte es auch nur den geringsten Anlass zu einer Beanstandung gegeben. Gewieses Weste war also bis zu diesem ominösen 6. März 1988 blütenrein gewesen.

Der Polizeipräsident entließ die Anwesenden in eine halbstündige Mittagspause und setzte die Verhandlung um 16 Uhr fort. Zuvor hatte die zuständige Behörde genehmigt, dass die 150 Korb Seelachs, die noch als Beweisstücke unter Deck lagen und allmählich vor sich hin gammelten, zu Fischmehl verarbeitet werden konnten. Filet durfte daraus allein zum Schutze der Umwelt nicht produziert werden, weil es sich nicht hätte vermeiden lassen, dass Blutwasser und Abfälle in das Hafenwasser gespült worden wären.

Als Manfred Koch gegen 17.15 Uhr den Sitzungssaal betrat, waren die Anklagepunkte bereits von sieben auf zwei geschrumpft. Nicht aus der Welt schaffen ließen sich lediglich die Vorwürfe, dass die Maschenweiten am Netztunnel absolut nicht den Vorschriften entsprachen und dass nahezu die Hälfte der gefangenen Fische das zulässige Maß unterschritt.

Als der Polizeipräsident am nächsten Vormittag um elf das Strafmaß verkündet hatte, standen Koch und Gewiese die Erleichterung ins Gesicht geschrieben: Die Deutsche Fisch-Fang-Union hatte 150 000 norwegische Kronen als Zwangseintragung, Kapitän Gewiese 25 000 Kronen Strafe zu zahlen. Das ergab einen Gesamtbetrag von 175 000 Kronen oder – umgerechnet – 35 000 DM.

„Wenn zu kleine Maschen auch am Steert festgestellt worden wären, hätte mit Sicherheit eine Null mehr am Ende des Betrages gestanden", davon ist Gewiese noch heute überzeugt. Zum Glück blieben Fanggeschirr und Ladung unangetastet im Eigentum der Reederei.

Koch hielt das Scheckbuch in der Hand, als Makler Holst ans Telefon lief und die Bank kontaktierte, die gerade ihre Mitarbeiter in die Mittagspause schicken wollte. Es gelang Holst tatsächlich, noch einen Fuß in die Banktür zu setzen. Der Betrag wurde postwendend auf das Konto der norwegischen Staatskasse eingezahlt, die „Kiel" kam von der Kette frei, an der sie bis dahin gelegen hatte, und konnte auslaufen. Für Koch und Gewiese war der Fall damit ausgestanden.

Nicht jedoch für die norwegische Presse, die nun die Polizei des Landes, und damit war vorneweg der Harstader Polizeipräsident gemeint, einer scharfen Kritik unterzog. Die drei DFFU-Trawler „Mainz", „Kiel" und „Mond" seien „heiße Namen" in den Protokollen der Küstenwache, weil sie in nur acht Monaten viermal in norwegischen Gewässern bei Übertretungen von Vorschriften erwischt worden seien. Gerade unter diesem Aspekt, und diesen Standpunkt vertrat auch der Chef der Küstenwache Nord, Alv N. Klepsvik, seien die Strafen für die Reederei und den Kapitän der „Kiel" viel zu milde ausgefallen. In einem Interview mit dem „Fiskeribladet" (Fischereizeitung) forderte der Vorsitzende der norwegischen Fischereivereinigung sogar, man sollte in Zukunft erwägen, der „Kiel" bei einem erneuten Verstoß gegen die Vorschriften die Lizenz zum Fischen in der norwegischen Wirtschaftszone gleich für die ganze Periode zu entziehen – das Ganze unter der Schlagzeile: „Nehmt der ‚Kiel' die Lizenz weg".

Selbstverständlich behielt die „Kiel" ihre Lizenz, und Wolfgang Gewiese fischte auch weiterhin vor Norwegens Küste. Nur hatte er seither bei allen Inspektionen, die er und die „Kiel" über sich ergehen lassen mussten, fortan keine Schwierigkeiten mehr, die erfahrungsgemäß viel Geld kosten können.

NACHTRAG

Das Verhältnis zwischen der norwegischen Coast Guard und den deutschen Hochseefischern hatte sich allmählich entspannt. Für Wolfgang Gewiese war es von großem Wert, dass er mittlerweile die Mobilfunk- und Faxnummern aller Schiffe der Küstenwache kannte, ob von der Korvette, ob vom kleinsten Kutter. Der Informationsfluss in beide Richtungen half mit, Missverständnisse auszuräumen, Fehler zu vermeiden. Einige norwegische Offiziere waren so hilfsbereit, dass sie Gewiese den Tipp gaben, er solle doch einfach 24 Stunden nach einer Aktivmeldung, nach der Anmeldung für ein Fanggebiet also, selbst dann ein Ausbringen des Fanggeschirrs eintragen, wenn er zwar aufgedampft, aber noch keinen Fisch gefunden und daher das Netz auch nicht ausgesetzt habe. Wer sollte ihm, meinten die Norweger, so eine kleine Mogelei wohl nachweisen oder gar ankreiden können.

Der neue Chef der Deutschen Fischfang-Union, Finnbogi Baldvinsson, ein Isländer, der in Norwegen studiert hatte, daher bestes Norwegisch sprach und sich in der Mentalität der Menschen dort auskannte, schärfte Gewiese im Jahre 1996 aber auch nachdrücklich ein:

„Du hast dich an die Vorschriften zu halten!"

Das hatte ihm in dieser Deutlichkeit so vorher noch keiner gesagt. Als der Chef im gleichen Jahr seinem Gewiese, der wieder einmal erfolgreich vor Norwegen auf Kabeljau gefischt hatte, die Order erteilte: „Du läufst jetzt den Hafen Alta an und lässt deine Ladung dort löschen", verstand der Kapitän die Welt und seinen Reeder nicht mehr. „Was höre ich da – ich soll in einen norwegischen Hafen einlaufen", reagierte er entsetzt. Das wäre für uns, erzählt er, damals einem Gang durch das Fegefeuer gleichgekommen.

Finnbogi Baldvinsson bestand darauf, und die „Kiel" legte beim Frostlager an. Wie nicht anders zu erwarten, standen bereits Vertreter der Küstenwache und des Kontrollwerkes auf der Pier, um den Löschvorgang zu überwachen. Die Ladung bestand, so hatte es Gewiese angegeben, aus 363 Tonnen Frostfilet, wohl verpackt in Kartons. Es wurde gezählt und gewogen, und am Ende teilten die Norweger mit, dass lediglich 1,1 Tonne fehle. Das sei ein gutes Ergebnis, meinten die Beamten.

Da fuhr Baldvinsson, der dem Löschvorgang ebenfalls beigewohnt hatte, förmlich aus der Haut: „Ein gutes Ergebnis soll das sein? Wenn Gewiese sagt, es sind 363 Tonnen, dann stimmt das auch."

Der Kapitän befragte seinen 1. Steuermann Wilfried Kerstan, der für die Ladung zuständig war und sich in den Zahlen auskannte. Er führte nicht nur Buch, sondern hatte auch die EDV-Programme geschrieben, mit denen die gesamten Produkte der Fabrik erfasst waren. Kerstan bestätigte: „Du brauchst keine Sorge zu haben: Es sind 363 Tonnen."

Die Leute von der Küstenwache und vom Kontrollwerk, der Reeder, Kapitän Gewiese und sein Steuermann gingen noch einmal ins Frostlager, der Direktor musste kommen, es wurde noch einmal nachgezählt, und siehe da, es waren genau 363 Tonnen Kabeljaufilet bester Qualität. Danach, erzählte später der Makler, war die „Kiel" nach diesem Resultat für eine Weile Gesprächsstoff in Nordnorwegen gewesen. Die Ladung des Trawlers, raunte man sich zu, sei eingelaufen und habe auf die Tonne, auf den Karton genau mit den Angaben übereingestimmt. Eine kleine Sensation.

Ein halbes Jahr später beorderte Finnbogi Baldvinsson die „Kiel" noch einmal zum Löschen in einen norwegischen Hafen, diesmal nach Sortland auf den Lofoten. Der isländische Reeder war wie jedes Mal dabei. Die „Kiel" lag an der Kaje, direkt daneben, hinter einem Maschendrahtzaun, befand sich das Hauptquartier des Küstenkommandos Nord. „Komm", sagte der Reeder zu seinem Kapitän, „die besuchen wir mal." Sie bestellten sich trotz der kurzen Entfernung ein Taxi und fuhren hin.

Außer dem Chef trafen sie viele Offiziere, die insbesondere Gewiese gut kannte: Sie waren mehr als einmal zu Kontrollen an Bord der „Kiel" gekommen. Als Gewiese einen großen Lageplan an der Wand ausmachte, gingen ihm förmlich die Augen über: Es waren die von norwegischen Flugzeugen und Schiffen übermittelten genauen Positionen aller Trawler eingetragen, die gerade in der Barentsee und von Spitzbergen bis Novaja Semlja den so begehrten Speisefischen nachstellten. Man klönte bei einer Tasse

Kaffee – es mögen auch mehrere gewesen sein – dreieinhalb Stunden wie echte Freunde miteinander und trennte sich im besten Einvernehmen.

Und das trotz der unbefriedigenden Antwort auf Gewieses Frage, warum die Küstenwache bevorzugt deutsche Trawler kontrollierte und die Schiffe anderer Nationen unbehelligt ließ: „Das kann eigentlich nicht sein. Wir arbeiten nach dem so genannten Zufallsprinzip."

„Stimmt nicht", wusste der „Kiel"-Kapitän, aber sagte es nicht offen heraus, um die gute Stimmung nicht zu stören. „Ich und nicht nur ich habe immer wieder erlebt, dass ein norwegisches Küstenwachboot nur selten an einem deutschen Trawler vorbeifuhr, ohne ihn zu kontrollieren, selbst wenn er sich in einem Pulk von vielen Schiffen befand oder auch wenn er in einem Seegebiet ganz allein fischte. Einmal, bei Nacht und Regenschauern, pickte die ‚Andenes' an der Südwestecke der Bäreninsel aus einer Flotte von 83 großen Trawlern als einziges Schiff die ‚Kiel' heraus und dampfte nach der ergebnislosen Kontrolle davon. Von wegen Zufall."

Seit dem freundschaftlichen Gespräch im Hauptquartier stand die „Kiel" bei Norwegens Coast Guard in hohem Ansehen und handelte sich bei den weiterhin unvermeidbaren Kontrollen keine Rügen mehr ein.

Ein Mini-Rotbarsch musste als Indiz herhalten

Jeder Kapitän eines Trawlers gleich welcher Nationalität war sich dessen aus eigener, zumeist unangenehmer Erfahrung bewusst oder hatte es den Berichten der Kollegen entnommen, die ihm durch Gespräche von Käpt'n zu Käpt'n oder auch auf See im abendlichen Plausch über Ultrakurzwelle zugingen: Wenn ein Wachboot, ebenfalls jedweder Nationalität, besonders jedoch ein dänisches, auf einem Fangplatz ein Kommando nicht aus zwei, drei, sondern gleich aus fünf Beamten zur üblichen Kontrolle herüberschickt, führt die Küstenwache etwas im Schilde. Die Kontrolleure sollten unbedingt etwas finden, was dem betroffenen Trawlerkapitän zum Nachteil ausgelegt werden konnte. In dem Fall, den es zu schildern gilt, entdeckten sie auf einem Förderband in der „Fabrik" des Fangfabrikschiffes „Kiel" einen klitzekleinen, verschlickten Rotbarsch und einen großen, aber ebenfalls total mit Schlick überzogenen Katfisch. Für einen angeblichen Verstoß gegen geltendes grönländisches Fischereirecht waren das die beiden einzigen so genannten Beweisstücke. Für Commander (Senior Grad) C. A. Norgaard aber reichten sie aus, um Kapitän Wolfgang Gewiese am Donnerstag, 25. November 1999, für 14 Stunden auf der von ihm geführten dänischen Korvette HDMS „Vædderen" festzuhalten.

Andere Schiffe waren an diesem Tage, an den Gewiese noch lange zurückdenken musste, weit und breit nicht zu entdecken, als sich die Korvette mit hoher Geschwindigkeit näherte. Somit war die „Kiel", die auf der Ostgrönlandbank friedlich und ungestört, wenngleich mit miesen Ergebnissen, am Tage auf Rotbarsch und nachts in Tiefen von 1000 bis 1200 Metern auf schwarzen Heilbutt fischte, das einzige Schiff in diesem Seegebiet, das sich für eine Inspektion anbot, und da wollte es der „Vædderen"-Kommandant, vertreten durch den Fischereiinspektor, Leutnant T. M. Sundwall, einmal ganz genau wissen. Es galt wohl, endlich einen greifbaren Kontrollerfolg zu verbuchen, Gewiese nachzuweisen, dass er mehr gefangen hatte, als aus seinen Aufzeichnungen hervorging.

Die „Kiel" war einer der wenigen Trawler in diesem Seegebiet, die den Abfall, der in der Fabrik an den Filetiermaschinen anfiel, zu Fischmehl verarbeiteten.

„Die anderen Nationen kippten die Überreste einfach über Bord", erläutert Gewiese, „und das war sogar legitim. Bei ihnen brauchte der Inspektor nur die Menge an Frostware mit den Eintragungen zu vergleichen. Denen war nichts nachzuweisen, wenn die Daten stimmten."

Auf einem Fabrikschiff wie der „Kiel" ließen sich die Fänge noch präziser errechnen, durch einen Abgleich der Aufzeichnungen im Logbuch mit den bis dahin bereits produzierten Mengen an Frostfilet und Fischmehl. Die Dänen konnten nichts entdecken, was darauf hindeutete, dass die „Kiel" mehr gefangen als Gewiese vermerkt hatte. Wenn man jedoch nichts finden kann, äußert man einen Verdacht.

Leutnant Sundwall erkundigte sich nach Förderbändern, die sich womöglich für die Entsorgung von Filetierabfällen ins Meer eigneten. Damit konnte der Kapitän jedoch nicht dienen. Trotzdem suchten die Kontrollbeamten einige Stunden in der Fabrik danach, ob nicht doch technisch eine Möglichkeit bestehen könnte, Abfälle über Bord zu befördern. Schließlich zeigten sie auf ein Steigeband, das aber in keiner Verbindung zu den Filetiermaschinen stand und lediglich eine Aufgabe erfüllte: Es brachte die Steine und den auf diesen Fangplätzen auch in großen Tiefen in Massen vorkommenden Kohl*) zurück ins Meer, beides als unerwünschter „Beifang" ins Netz geraten. Die Matrosen und Fischwerker mussten jedoch die Steine mühsam aufheben und auf das Band legen. Eben auf diesem Band entdeckten die Dänen – oh Schreck – die vermeintlichen Beweise für eine Indizienkette, die sich gar nicht fortsetzen ließ: den Handteller großen Rotbarsch und den fünf bis sechs Pfund schweren Katfisch, beide mit Schlick überzogen, aber auch unversehrt und keineswegs als Abfall aus der Filetiermaschine aufs Band gelangt.

---

*) Als Kohl bezeichnen die Hochseefischer wegen ihrer Form und Größe die massenhaft in vielfältigen Arten auftretenden Schwämme, die jedoch nicht der Meeresflora, sondern der Meeresfauna zuzuorden sind. Sie bestehen aus mehrzelligen Wassertieren, die sich zu einem Organismus, einem oft becherförmigen Stock, aufbauen und am Meeresboden festsitzen. Für die Trawlercrews sind sie ein großes Ärgernis. Manchmal hieven die Männer mit einem Sack zwar wenige Fische, aber umso mehr Kohl, sogar zwanzig bis dreißig Tonnen, an Deck.

Genau diesen Fund aber hielten die Dänen dem Kapitän vor. Gewiese reagierte verärgert: „Was Sie mir vorwerfen wollen, wäre blanke Unvernunft. Schauen Sie doch in meine Bücher, dann werden Sie sehen, dass wir am Tag vier, fünf, vielleicht auch einmal sechs Tonnen fangen. Da schmeißen wir doch keinen Fisch außenbords!"

Die Fänge fielen auf diesem Fangplatz damals wirklich nicht berauschend aus.

„Wenn ich jeden Tag", fuhr er fort, „wie es auch schon einmal vorkommt, zwanzig oder dreißig Tonnen produziere, dann könnte man solchen Verdacht vielleicht hegen, aber selbst dann wäre er nicht schlüssig."

Die Dänen schrieben ihr Protokoll, aber – und darin sieht Gewiese eine im Grunde unfaire Praxis – nur für sich selbst. Der beschuldigte Kapitän erhielt davon keine Durchschrift.

„Das machen sie schon seit Jahrzehnten und noch bis heute so."

Der Leutnant benachrichtigte seinen Kommandanten, der nahm Kontakt zu der vorgesetzten Behörde in Grønnedal auf, und die wiederum wies den Kommandanten an, Master Wolfgang Gewiese habe sich auf der „Vædderen" einzufinden.

Zur Korvette übersetzen, das wollte Gewiese auf keinen Fall. Das Wetter war nicht so gut, eine lange arktische Nacht stand bevor. Nach einigem Hin und Her stellten ihm die Dänen ein Ultimatum: Entweder er begebe sich auf die „Vædderen" oder die „Kiel" müsse mit dem „Prisenkommando" an Bord zur weiteren Untersuchung nach Nuuk (Godthåb) dampfen. Gewiese wählt das kleinere Übel, beauftragte den 1. Steuermann Wilfried Kerstan, die Nacht hindurch weiter zu fischen, und fuhr mit den fünf Dänen hinüber zur „Vædderen".

Wenn der Käpt'n anfangs dachte, nach kurzer Zeit wäre die leidige Anlegenheit abgehakt, sollte er sich gründlich geirrt haben. Es dauerte allein drei Stunden, bis an Bord die „Quasi-Gerichtsverhandlung" begann. Den Vorsitz führte der dänische Kommandant, der zwar ausgezeichnet deutsch sprach, Gewiese aber nur auf Englisch befragen wollte und die Übersetzung einem Dolmetscher überließ. Die Rolle eines Staatsanwaltes spielte der Executive Officer (1. Offizier), Commander P. Starklint, der in den siebziger Jahren alle großen Fangfabrikschiffe unter Westgrönland auf dem „Kieker" gehabt hatte. Als er anfing, die Geschichten von damals aufzuwärmen, erwiderte Gewiese:

„Das ist lange her. Die Kapitäne aus dieser Zeit sind nicht mehr aktiv. Ein Großteil der Schiffe fährt nicht mehr. Wir reden hier über heute."

Der Däne, der offenbar nicht verwinden konnte, dass die deutschen Trawlerkapitäne so überaus erfolgreich vor der Ost- und insbesondere vor der Westküste Grönlands gefischt hatten, kehrte zur Aktualität zurück. Er brachte es auf den Punkt, als er Gewiese vorhielt, dass er im Vergleich zum

Frostfilet zu viel Fischmehl produziert hätte, so dass die Eintragungen in das Logbuch nicht mit den Fangmengen übereinstimmen würden. Der Käpt'n wusste selbstverständlich, wieso es zu diesem Missverhältnis kommen konnte: Es lag an dem für Grönland geltenden, viel zu niedrig angesetzten Umrechnungsfaktor von 3,0. „Damit kamen wir nicht zurecht", erklärte Gewiese. „Die Norweger zum Beispiel wenden bei Rotbarsch den wesentlich realistischeren Faktor von 4,75 an."

Man muss sich das so vorstellen: Der Faktor bestimmt die zu erzielende Ausbeute an Frostfilet je gefangener Tonne Rohware. Beim Faktor 3,0 – durch diese Zahl ist die Fangmenge zu teilen – wären aus sechzig Tonnen Rohware zwanzig Tonnen Filet zu produzieren, wie jeder Fachmann weiß: eine selbst mit modernsten, optimal eingestellten Filetiermaschinen nicht zu erreichende Ausbeute. Somit landet mehr Abfall in der Fischmehlanlage, als der Faktor vorgibt. Für die Fischmehlproduktion gilt die Faustregel: Fünf Tonnen Abfall dampfen zu einer Tonne Fischmehl ein.

Die „Vædderen" übermittelte das Ergebnis der Verhandlung nach Grønnedal, und es begann eine Gewiese unendlich lang erscheinende Zeit des Wartens, die er damit überbrückte, dass er sich vom „Chief" („Ein ganz Netter, stammte aus dem dänischdeutschen Grenzgebiet und sprach dementsprechend gut deutsch") das Schiff samt Hubschrauberdeck zeigen ließ und mit ihm und anderen Dänen in der Messe über dies und das plauderte.

Nach länger als zehn Stunden kam die Nachricht aus Grønnedal: Die „Kiel" habe wegen Überschreitung von Vorschriften eine Geldbuße von 25 000 dänischen Kronen zu zahlen, und zwar sofort an den „Chief Constable" in Nuuk, Grönland.

Eine D-Mark wurde am 25. November 1999 im Devisenhandel mit 0,262246 dänischen Kronen bewertet. Somit hatte die DFFU umgerechnet 6556,15 DM an die Grönländer zu zahlen, mithin ein Betrag, der kaum ins Gewicht fiel.

„Darüber muss ich erst mit der Reederei sprechen", pokerte Gewiese trotzdem und ließ sich zu seinem Schiff zurückbringen. In Wirklichkeit wollte er sich auf keinen Fall einer Verhandlung im fernen Nuuk vor dem Hohen Gericht von Grönland („The High Court of Greenland" oder auf dänisch „Grønlands Landsret") stellen. „Allein die Anreise hätte drei Tage gedauert. Wir hätten mit mindestens sechs bis sieben Ausfalltagen rechnen müssen, und die Betriebskosten lagen für die ‚Kiel' damals bei über 15 000 Mark pro Tag. Und außerdem: Meine Jungs wollten schließlich nach Hause. Viele von ihnen waren schon ein halbes Jahr an Bord im Einsatz."

Die Reederei gab am Freitagvormittag ihr Okay und versprach, den Betrag sofort zu überweisen, aber um zwölf erhielt Gewiese ein Telex aus Grönland, das Geld sei immer noch nicht eingegangen. Der Käpt'n rief seinen Reeder, Finnbogi Baldvinsson, an.

„Ruhig bleiben. Das Geld ist unterwegs."

Um 16 Uhr kam per Fax die erlösende Nachricht. Das Geld war auf dem angegebenen Konto eingetroffen. Die „Kiel" konnte sich wieder in der grönländischen Wirtschaftszone frei bewegen.

Zu diesem Zeitpunkt befand sich die „Vædderen" schon seit 22 Stunden mit Höchgeschwindigkeit um das Kap Farvell herum auf dem Weg zur Westgrönlandküste.

Nachtrag – Des Bestmanns Glück im Unglück: Keine Luft im Schlauchboot bedeutete Rettung

Die Eindrücke, die ein traumatisches Erlebnis bei einem nicht einmal 24jährigen Mann zurückließ, saßen tief, so tief sogar, dass sie beinahe sein Leben verändert und seine beachtliche Karriere als Trawlerkapitän verhindert hätten, die fünf Jahre später so richtig erst beginnen sollte. Es geschah an 2. Januar 1966 gegen 12.45 Uhr, als es auf dem 1961 von der Seebeckwerft gebauten Seitenfänger „Düsseldorf" (972,50 BRT) der „Nordsee" Deutsche Hochseefischerei GmbH vor der Küste von Labrador zu einem schweren Unfall kam: Bestmann Emil Wiegers, ein kleiner, schmaler Kerl, rutschte beim Hieven des längsseits treibenden Steerts aus und wurde außenbords katapultiert.

Um diese Zeit herrschte auf Position 56,30 Grad Nord, 58,30 Grad West derart schlechtes Wetter, dass jegliche Rettungsaktion eigentlich hoffnungslos erscheinen musste: 15 Grad Frost, die Wassertemperatur mit null Grad Celsius entsprechend niedrig, nordwestlicher Wind, Stärke 5. Seeleute lassen aber in einer solchen Situation, wenn es gilt, einen Kollegen vorm sonst sicheren Tod zu bewahren, nichts unversucht, auch wenn sie dabei das eigene Leben riskieren. Das taten der 2. Steuermann Wolfgang Gewiese und Netzmacher Werner Golz, die sich in einem Schlauchboot mit wenig Luft an den offenbar schon halb erfrorenen Wiegers heranarbeiteten. Anfangs hatte der Bestmann direkt neben der Bordwand getrieben, aber er besaß offenbar nicht mehr die Kraft, zumindest mit einer Hand zuzugreifen, als ihm die Männer an Bord Rettungsringe, Fischkörbe und Leitern hinhielten.

Weil die Aufbauten des Trawlers völlig vereist waren, mussten die Männer das festgefrorene Schlauchboot erst mühsam kappen, ehe sie es vom Bootsdeck über die Bordwand in die aufgewühlte See werfen konnten. Der 1. Steuermann Tönjes Seebörger ließ das Schlauchboot mit Gewiese zu Wasser, und Golz sprang ihm, weil Gewiese es allein niemals hätte schaffen können, kurz entschlossen von der Wallschiene hinten am Heck nach. Es gelang beiden, an den leblos erscheinenden Wiegers heranzupaddeln, obwohl er inzwischen schon weit abgetrieben war.

„Währenddessen schrie Kapitän Otto Lucht wie ein Nebelhorn", hat sich bei Gewiese in die Erinnerung eingegraben. „Der hatte vielleicht ein Organ."

„Eeemiiil, Eeemiil", brüllte Lucht immer und immer wieder. Gewiese: „Wir beide im Boot hatten große Mühe, unseren Emil nicht aus den Augen zu verlieren. Bei der ruppigen See sahen wir seinen Kopf mit dem gelben Südwester nur von Zeit zu Zeit auf einer Welle."

Im Nachhinein erwies es sich sogar als Glück im Unglück, dass ihr Schlauchboot extrem wenig Luft hatte. Gewiese: „In ein aufgepumptes Boot hätten wir ihn gar nicht hineinziehen können. Wir selbst waren zu diesem Zeitpunkt schon fix und fertig." So aber schafften sie es, brachten den Bestmann mit der See und dem Wind auf die „Düsseldorf" zurück, die immer noch manövrierunfähig mit etwa 700 Zentnern Kabeljau im Steert in der aufgewühlten See hin und her krängte. Andere Crewmitglieder setzten Wiegers sogleich unter die heiße Dusche. Und das kleine Wunder geschah: Obwohl er länger als eine Viertelstunde im eiskalten Wasser gelegen hatte, überlebte der Bestmann – nicht zuletzt dank der uneigennützigen Hilfe des Bordarztes Dr. Werner und einer Krankenschwester, die der DDR-Trawler „Johannes R. Becher" (ROS 306), der ganz in der Nähe fischte, herübergeschickt hatte. Herz- und Aufbauspritzen brachten den Mann wieder auf die Beine.

Pech hatte allein Wolfgang Gewiese. Er hatte sich in aller Eile, ohne in der Hektik die möglichen Folgen zu bedenken, während der Bergungsaktion die Handschuhe ausgezogen, um besser arbeiten zu können. Er trug sie auch nicht, während er und Werner Golz mit dem Geretteten über eine recht lange und beschwerliche Strecke zum Trawler zurückpaddelten. Als er später seine beiden Hände betrachtete, packte ihn Entsetzen: An allen Fingern fehlte die Haut. Wolfgang Gewiese war an den beiden letzten Fangtagen – das Unglück ereignete sich gegen Ende der Reise – arbeitsunfähig. Und geschockt. Er musste Schmerzen ertragen, wie er sie bis dahin nicht gekannt hatte. „Ich konnte gegen die Hände nicht einmal hauchen, geschweige denn sie gebrauchen ..."

Daheim, für Wochen krankgeschrieben, sagte sich Gewiese anfangs: Das wird nie wieder etwas. Er war fest entschlossen, seine Laufbahn als Hochseefischer ein für alle Mal zu beenden. Als sich ganz allmählich die neue Haut bildete und die Wunden verwuchsen, beschloss Gewiese – er war Junggeselle, mithin unabhängig und hatte gutes Geld verdient –, in den Urlaub zu fahren – wieder in die Kälte zum Skilaufen. In den Bergen erreichte ihn ein Telegramm der Reederei: Ob er Interesse hätte, als 3. Steuermann auf der neuen „Heidelberg" einzusteigen. Weg von dem Seitenfänger mit den erhöhten Unfallgefahren, rauf auf einen modernen Heckfänger.

„Da habe ich mir überlegt: Menschenskind, das wäre vielleicht doch noch einmal etwas. Schließlich ging es mir schon wieder ganz gut." Antwort an die Reederei: „Okay, ich komme."

Bestmann Emil Wiegers meldete sich schon am 14. Februar als arbeitsfähig auf der „Düsseldorf" zurück.

EIN WEITERER NACHTRAG

Noch lange Zeit nach dem Unfall grübelte Gewiese darüber nach, warum Emil Wiegers nicht nach Rettungsringen, Leiter, Tauwerk und Netzteilen gegriffen hatte, obwohl er doch anfangs nur zwei bis drei Meter neben der Bordwand trieb. Ihn beschäftigte aber auch eine zweite Frage: Warum konnte sich der offenbar zu keiner Reaktion mehr fähige Bestmann so lange mit dem Kopf über Wasser halten? Für das zweite Rätsel fand Gewiese eine plausible Erklärung: Wiegers, mager, wie er nun einmal war, fror häufig und schützte seinen Hals stets mit einem dicken Wollschal unter seinem Ölrock. „Unter dem Ölzeug konnte sich dank des Schals eine Luftblase bilden. Hätte er nicht derart unter Schock gestanden, dass er zu keiner Bewegung fähig war, und tatsächlich nach einem der Rettungsmittel gegriffen, möglicher Weise dann auch noch daneben, wäre die kleine Luftblase unweigerlich an der Halskrause vorbei entwichen, und er wäre rettungslos verloren gewesen", ist sich Gewiese sicher. „Dem Umstand, dass er sich nicht bewegte, verdankte er sein Leben."

BIOGRAPHISCHES

WOLFGANG GEWIESE

Als im Jahre 1958 zwei Freunde, die gerade ihre Schulzeit hinter sich gebracht hatten, auf die Idee verfielen, den damals immer noch von ein wenig Romantik umwobenen Beruf eines Seemannes zu ergreifen, dachten sie selbstverständlich an eine Laufbahn in der Großen Fahrt und keineswegs in der Hochseefischerei. Einer von ihnen war Wolfgang Gewiese, geboren am 10. November 1942 in Cuxhaven. Sein Traum, später einmal auf einem Frachter oder gar einem Passagierschiff ferne Kontinente anzusteuern, zerplatzte zwar wie eine Seifenblase, aber immerhin: Wolfgang Ge-

Wolfgang Gewiese (Foto: Ringfoto Schattke)

wiese avancierte zum Kapitän hochmoderner Fangfabrikschiffe der „Nordsee" Deutsche Hochseefischerei GmbH, die später mit anderen Reedereien zur Deutschen Fischfang-Union fusionieren sollte. Seine „Plattform" war die „Kiel", die in den achtziger und neunziger Jahren zu den drei Trawlern der deutschen Flotte zählte, die mit ihren Fang- und Produktionsergebnissen die vordersten Ränge besetzten.

Im Nachhinein war es daher eine glückliche Fügung, dass Gewieses Familie damals die 600 DM nicht aufbringen konnte, die der Besuch der Schiffsjungenschule in Elsfleth monatlich gekostet hätte, obwohl die Schulzeit auf lediglich ein Vierteljahr begrenzt war. Eine Alternative bot die gerade eröffnete Jungfischerschule in Bremerhaven: „Das Schulgeld betrug nur vierzig Mark im Monat, und das Geld hatte ich", erinnert sich Gewiese. Am 1. November 1958 begann der wie in Elsfleth auf drei Monate befristete Schulbesuch, am 1. Februar 1959 heuerte er als Junge auf dem „Nordsee"-Trawler „Duisburg" an. Anfangs träumte er weiter davon, bei nächster Gelegenheit in die Handelsschifffahrt zu wechseln, aber weil ihm das Leben und die Tätigkeit auf Trawlern gegen alle Erwartungen von Fangreise zu Fangreise immer besser gefielen, vor allem aber weil er klotzig verdiente, blieb er der Hochseefischerei und seiner Reederei treu. Mit knapp 58 Jahren übergab Wolfgang Gewiese die „Kiel" seinem Nachfolger. Er hat seinen Wohnsitz seit längerem in Nordholz (Kreis Cuxhaven) genommen und widmet sich als Ruheständler seinen Hobbys, so Haus und Garten, im Sommer, wenn sich die Gelegenheit bietet, mit großer Freude dem Hochseesegeln. In den ersten Jahren fühlte sich Gewiese bei der harten Arbeit als einfacher Fischermann so wohl, dass er gar nicht daran dachte, es weiter als bis zum Matrosen zu bringen, aber als sich ihm die Chancen boten und Kapitäne ihm gut zuredeten, griff er zu. Zunächst erwarb er 1965 das Steuermanns-, dann 1967 das Kapitänspatent. Schon vier Jahre später führte er als Kapitän erstmals ein Schiff auf einer Vertretungsreise – den damals hochmodernen Heckfänger „Österreich", bei dem er – anfangs noch als 2. Steuermann – an der Bauaufsicht mitgewirkt hatte. Diese erste Kapitänsreise mit der „Österreich", einem Fangfabrikschiff, das mit einem dieselelektrischen Antrieb ausgerüstet war, sollte mit 134 Tagen Dauer zugleich die längste während seiner gesamten Fahrenszeit werden.

Dass er auf dieser Vertretungsreise einen Matrosen verlor, traf ihn schwer. Zu dieser Zeit war Wolfgang Gewiese noch keine 29 Jahre alt, die erstaunliche Karriere eines Mannes, der eigentlich am liebsten Matrose geblieben wäre.

Stammkapitän auf der „Österreich" und zugleich Gewieses größter Förderer war Ernst Stahl. Ihm verdankte der junge Mann viele seiner Grundkenntnisse, die ihm schon bald zugute kommen sollten. Ernst Stahl war es auch, der dafür sorgte, dass Gewiese als sein „Kronprinz" und Nachfolger gegen den Widerstand und zum Leidwesen arrivierter Kapitäne, aber mit dem Segen des „Nordsee"-Einsatzleiters Manfred Koch („Gewiese ist mein Mann") seine Bestallung zum Kapitän erhielt. Das geschah am 19. Dezember 1974 – wie es der Zufall wollte, auf den Tag genau sieben Jahre, nachdem er das Kapitänspatent erworben hatte. Zugleich vertraute ihm die „Nordsee" das Kommando über ein absolutes Nonplusultra-Schiff an – über das in Bremerhaven beheimatete Fangfabrikschiff „Kiel" (BX 749), einem im März 1973 in Dienst gestellten Neubau der Rickmerswerft in Bremerhaven für die „Nordsee". Die „Kiel" gehörte zur legendären „Bremen"-Klasse – wie als drittes Schiff die „Hannover", die allerdings wie die Namensgeberin der Klasse, die „Bremen", auf den Helgen der damaligen Schichau-Unterweser-Werft zusammengeschweißt worden war.

Die Reederei sollte ihre Entscheidung nicht bereuen. Wolfgang Gewiese stand bis zu seinem Ausscheiden im Jahre 2001 – unterbrochen nur von einem Intermezzo in der „Nordsee"-Inspektion – auf der Brücke der „Kiel". Er erwarb sich dank seiner Erfolge den Ruf, ein „Spitzenkapitän" der deutschen Hochseefischerei im letzten Quartal des zwanzigsten Jahrhunderts gewesen zu sein. Und bekannt war er auch dafür, dass auf seinem Schiff ein besonders gutes Betriebsklima vorherrschte.

Während seiner Fahrenszeit als Kapitän legte Wolfgang Gewiese rund 1,5 Millionen Seemeilen zurück. Er brachte es auf eine Gesamtfangmenge von 300 000 Tonnen Seefisch, überwiegend Kabeljau, Seelachs, Rotbarsch und Schellfisch, aber auch Heringe und Makrelen.

MANFRED KOCH

Wenn er nicht mit einer angeborenen Sehschwäche zur Welt gekommen wäre, hätte Manfred Koch einen völlig anderen Berufsweg eingeschlagen als den, auf dem er es schließlich zum Geschäftsführer einer bedeutenden Trawlerreederei und sogar für acht Jahre zum Vorsitzenden des Verbandes der deutschen Hochseefischereien bringen sollte: Manfred Koch wollte Kapitän werden und wurde nach Lehrzeit sowie halbjährigem Aufenthalt in England zunächst Einsatzleiter bei der „Nordsee" Deutsche Hochseefischerei GmbH, deren Flotte nach 1972, als die „Nordsee" auch andere Reedereien wie C. Kämpf, die Hoch-

Manfred Koch (Foto: Ringfoto Schattke)

seefischerei Kiel GmbH und die Norddeutsche Hochseefischerei übernahm, aus 19 Fangfabrikschiffen und 31 Seitenfängern bestand.

Wenigstens eine Nähe zur Schifffahrt, wenn er schon nicht Seemann werden konnte, suchte Manfred Koch, geboren am 15. September 1933 in Cuxhaven, als er ab 1952 bei der altehrwürdigen Firma Schaar & Niemeyer, einem Hamburger Schiffsausrüster, den Beruf eines Großhandelskaufmannes erlernte. Fischgeruch durfte er wieder in England schnuppern: Als junger Kaufmann rechnete er 1954 für die Maklerfirma H. Mudd Seiners Ltd. die von deutschen Trawlern in Grimsby an den Markt gebrachten Fänge ab, überwiegend Kabeljau und Schellfisch. Schon ein halbes Jahr später rief ihn die Familie nach Deutschland zurück: Er trat als kaufmännischer Angestellter in die väterliche Trawlerreederei Ernst A. P. Koch ein, deren Hauptgesellschafter kein Geringerer als Reemtsma war, und wurde 1968 Mitgesellschafter.

Eine entscheidende Wende in seinem Berufsleben trat 1969 ein, als Manfred Koch zusammen mit seinem Vater Ernst A. P. Koch im Hamburger Unilever-Hauptquartier den Verkauf der beiden Koch-Schiffe „Altona" und „Othmarschen" an die „Nordsee" Deutsche Hochseefischerei GmbH perfekt machte. Ihnen gegenüber saßen Unilever-Vorstand Carl Arendt Weingart und „Nordsee"-Chef Marx-Henning Rheder, der Koch junior anschließend den Vorschlag unterbreitete: „Bevor Sie in Zukunft mit Zigaretten handeln müssen, kommen Sie doch zu uns nach Cuxhaven." Manfred Koch nahm das Angebot an, wechselte Ende Februar 1970 nach Cuxhaven, kaufte ein Haus und ließ die Familie schon im Juni nachkommen. Fortan steuerte er als Nachfolger Ernst Tantzens die „Nordsee"-Flotte.

In kurzer Zeit gelang es ihm, weltweit wichtige Kontakte zu knüpfen und von norwegischen, färingischen und grönländischen Kapitänen („Da wechselte schon mal ein Karton Rum oder Whisky seinen Besitzer ...") wertvolle Informationen einzusammeln, von denen die „Nordsee"-Trawler mit dicken Fängen profitierten. Koch: „Ich glaube, ich hatte eine ganz gute Nase und vor allem auch gute Freunde im Ausland bei den Fischereinationen im Nordwestatlantik."

Dass er darüber hinaus auch Verhandlungsgeschick zu entfalten und Partnerschaften zu knüpfen verstand, bewies er einige Zeit später, als er mittlerweile zum Geschäftsführer der Deutschen Fischfang-Union (DFFU) avanciert war, die am 1. Januar 1986 die Aktivitäten der „Nordsee" und mithin auch ihre Flotte übernommen hatte. Manfred Koch war für die Flotte, die Produktion, den Verkauf der Produkte, für Nautik, Technik und den Landbetrieb verantwortlich, sein Geschäftsführerkollege Norbert Klotz für den kaufmännischen Bereich und für das Personal.

Der Fall, den er so geschickt löste, dass er später von seinem größten geschäftlichen Erfolg sprach, war ein kniffliger, der fast schon diplomatisches

Geschick verlangte: Die dänische Fregatte „Hvidbjørnen" (zu deutsch: Eisbär) hatte im Winterhalbjahr 1985/86 unter Ostgrönland auf der Dohrnbank das Fangfabrikschiff „Heidelberg" aufgebracht, das damals noch für einige Wochen unter der „Nordsee"-Flagge fuhr. Koch und Justiziar Friedrich-Wilhelm Marwitz flogen an den Ort des Geschehens und suchten in Nuuk (vormals Godthåb), der Hauptstadt Grönlands, wie in dem Geschäft üblich, nach einem Ausweg aus der Misere.

Zufällig weilten auch Mitglieder des kanadischen Fischereiministeriums aus Ottawa in Godthåb, um mit den Grönländern über die Fischerei auf Shrimps und über gemeinsame Bestände (Joint Stocks) zu verhandeln. Es ergab sich, dass Koch und Marwitz abends die im gleichen Hotel wohnenden Kanadier kennen lernten. Bei Wein und Bier geriet man ins Klönen und Fachsimpeln. Die Kanadier berichteten von der Shrimpsfischerei, die sie und die Grönländer damals mit beachtlichen Ergebnissen betrieben. Das Gespräch kam aber auch darauf, weshalb Kanada den Nationen der damaligen Europäischen Gemeinschaft (EG), der heutigen Europäischen Union (EU), noch immer keine Lizenzen zum Fang innerhalb der kanadischen Hoheitsgewässer erteilt hatte, obwohl ein bestehendes Fischereiabkommen dafür sehr wohl eine Grundlage gebildet hätte. Den Anlass für die Verweigerung lieferten übrigens spanische und portugiesische Hochseefischer, die sich nicht im Geringsten darum scherten, dass Kanada bei Neufundland ein weitaus größeres Gebiet für sich beanspruchte als das innerhalb der 200-Seemeilen-Grenze liegende, die von der Küstenlinie gemessen wird. Mit einer einleuchtenden Begründung sogar: Der Festlandsockel reicht in diesem Seegebiet weit über 200 Seemeilen hinaus.

„Und weswegen sollen wir Deutsche darunter leiden, wir halten uns doch generell an diese Vorgabe", fragte Manfred Koch. Die Kanadier versprachen, darüber nachdenken zu wollen. Und tatsächlich: Einige Wochen später traf beim Verband der deutschen Hochseefischereien ein Telex aus Ottawa des Inhalts ein, man möge doch herüberkommen und die Einzelheiten aushandeln. Vorsitzender Manfred Koch und der Hauptgeschäftsführer des Verbandes, Dr. Karl-Heinz Feilhauer, reisten nach Ottawa, verhandelten im Fischereiministerium mit einer achtköpfigen Delegation und kehrten mit den begehrten, allerdings auf zwei Jahre befristeten Fanglizenzen zurück. Sie galten nur für die Bundesrepublik als einzigen EG-Staat. „Für die DFFU, die inzwischen die ‚Nordsee'-Flotte übernommen hatte, bedeutete das einen zusätzlichen Gewinn von sieben Millionen Mark im Jahr."

Als nicht mehr zu übersehen war, dass es mit der deutschen Hochseefischerei ständig weiter bergab ging, zog Manfred Koch für sich die Konsequenz: Er verabschiedete sich im Oktober 1994 – er hatte gerade sein 61. Lebensjahr vollendet – auf eigenen Wunsch in den vorgezogenen Ruhestand.

Werner Muschkeit

WERNER MUSCHKEIT

Die Kapitäne der russischen Fabrikschiffe, die auf dem gleichen Fangplatz im Nordatlantik fischten, rieben sich verwundert die Augen, denen sie nicht trauen wollten, oder sie glaubten wohl gar an Hexerei: Während sich in ihren eigenen Netzen nur wenige Fische verfingen, hievte der Bremerhavener Heckfänger „Hugo Homann" der Reederei C. Kämpf solche Mengen Heringe an Deck, dass sich das Schiff bei einem besonders fetten Hol sogar leicht zur Seite neigte. Das war im Jahre 1966, und der „Hexenmeister" hieß Werner Muschkeit, in den sechziger Jahren der „King" unter den deutschen Trawlerkapitänen. Der vermeintliche Zaubertrick war in Wirklichkeit nüchternes Kalkül, das Ergebnis ausdauernden Nachdenkens, Tüftelns und Experimentierens: Werner Muschkeit setzte damals schon auf die von der Bundesanstalt für Fischerei entwickelte pelagische Fangmethode, mit der er so gut zurecht kam, dass er Rekordmengen von bis zu 10 000 Zentnern Heringe an den Markt brachte, dreimal so viel wie sonst üblich. Dieser Mann, der stets das Glück für sich gepachtet zu haben schien und als innovativ planender Fischereifachmann national und international in hohem Ansehen stand, fand viel zu früh ein tragisches Ende – auf einer Geschäftsreise nach Murmansk bei dem Absturz einer sechssitzigen Beech Duke 60 am 20. Dezember 1994 in Finnland.

Werner Muschkeit wurde am 31. Juli 1933 in Rossitten (Ostpreußen) als Sohn eines Fischers und Landwirtes geboren. Weil die Mutter früh verstarb und der Vater im Kriege blieb, musste er schon als 13jähriger auf Fischfang gehen, um die Familie durchzubringen. 1948 reiste er mit seinem Großvater nach Hessen und beendete die in Rossitten abgebrochene Schulausbildung mit dem Zeugnis der Mittleren Reife. Die Fischerei muss ihm tief im Blut gesessen haben – jedenfalls zog es ihn 1951 nach Bremerhaven. Er musterte als Leichtmatrose an, wurde schon ein halbes Jahr später Matrose und besuchte auf Drängen der Reederei 1955 die Seefahrtschule in Bremerhaven. Nach mehrjähriger Fahrenszeit als Steuermann ging er 1959 erneut zur Schule und bestand die Kapitänsprüfung mit Auszeichnung. Auf diesen Abschluss hatte Reeder Helmut Kämpf schon gewartet: Er vertraute dem erst 26jährigen sogleich das Kommando über den Fischdampfer

„Heinrich Bueren" an. Später führte Muschkeit nacheinander die Trawler „Johannes Krüß" und „Hugo Hohmann", dann bis 1970 den Heckfänger „Jochen Hohmann".

Während seiner Fahrenszeit war Werner Muschkeit ständig darum bemüht gewesen, die Fangmethoden zu verfeinern und neue Ideen zu entwickeln, die er schon beim Bau der „Hugo Hohmann" verwirklichen durfte. Dass er sich ein beachtliches Fachwissen erarbeitet hatte, sprach sich schnell herum. Im Jahre 1970 schaffte es die Hochseefischerei „Nordstern" AG, Muschkeit als Nautischen Inspektor in ihr Boot zu holen. Als im Zeichen des allgemeinen Niedergangs sich die noch verbliebene Flotte einschließlich der bis dahin größten Reederei, der „Nordsee" Deutsche Hochseefischerei GmbH, unter dem Dach der zum 1. Januar 1988 neu gegründeten Deutschen Fischfang-Union (DFFU) in Cuxhaven zusammenfand, wechselte auch Muschkeit zur DFFU, in gleicher Funktion und als Nachfolger von Karl Keirat, der mit der Auflösung der „Nordsee" in den Ruhestand gegangen war.

Den Unglücksflug trat Werner Muschkeit am 20. Dezember 1994 von Bremerhaven mit dem Ziel Murmansk an: Er sollte im Auftrag von DFFU-Geschäftsführer Norbert Klotz in der russischen Hafen- und Fischereistadt die Möglichkeiten eines Jointventure mit den Russen ausloten. Zur Katastrophe kam es, weil die Maschine bei einer Zwischenlandung im finnischen Oulu statt mit dem vorgeschriebenen Super-Flugbenzin mit Kerosin vollgetankt worden war. Minuten nach dem Start stürzte das Flugzeug ab. Außer Werner Muschkeit fand auch der Pilot Ralf Hansel den Tod; ein dritter Insasse überlebte schwer verletzt.

QUELLEN

Wolfgang Gewiese, Nordholz
Manfred Koch, Cuxhaven
Helmut Junge, Cuxhaven
Margarethe Muschkeit, Bremerhaven
Helga Teipel, Bonn
Generalkonsulat der Bundesrepublik Deutschland, Edinburgh

Menschenjagd in Mexiko

Mexiko in gängigen Klischees – wer denkt da nicht an feurige, glutäugige Frauen in bunten, schwingenden Röcken, an Männer mit Sombreros auf lackschwarzem Haarschopf, an stimmschön gesungene Lieder, die von Lebensfreude, aber auch von Melancholie erfüllt sind, an kilometerlang sich hinstreckende weiße Strände in gleißendem Sonnenlicht. Mag alles in der Realität anzutreffen sein, aber gut zwei Dutzend der siebzig Seeleute eines deutschen Trawlers lernten Mexiko von einer gänzlich anderen, von seiner dunkelsten Seite kennen. Da veranstalteten korrupte, wohl unterbezahlte mexikanische Polizisten aus purer Geldgier oder Geldnot wahre Treibjagden auf die Fremdlinge, steckten sie ohne jeglichen Grund, ohne richterlichen Haftbefehl tagelang in ein verdrecktes, von Ungeziefer wimmelndes Rattenloch von Kerker, im Spanischen Calabozo genannt. Dessen zehn Zellen waren ständig derart überfüllt, dass die Häftlinge darin weder sitzen noch liegen konnten, sondern Tag und Nacht, sich gegenseitig stützend, stehen mussten. Bis ihr Kapitän, der mehrere Tage nichts von dem Verschwinden seiner Männer bemerkt hatte, auch nicht bemerken konnte, der Tortur ein Ende bereitete und sie gegen harte Dollars auslöste. Und die steckten sich die braven mexikanischen Beamten wortlos in die Taschen. Als Bodo Schwier, so hieß der Kapitän, eine Quittung verlangte, machten die Mexikaner Anstalten, seine Seeleute wieder in die finsteren Verliese zurückzubringen.

Tatort: der kleine mexikanische Hafen Ensenada an der Pazifikküste, Tatzeit: April 1981.

Das Bremerhavener Fangfabrikschiff „Friedrich Busse" (3183 BRT) der Nordstern-Reederei fischte um die Jahreswende 1980/81 im Bering-Meer bei Alaska. Mit guten Ergebnissen sogar. Kapitän Schwier hatte Ende Januar gerade seinen Heimaturlaub angetreten; das Kommando führte während seiner Abwesenheit der 1. Steuermann Max Faust. Eines Tages läutete bei den Schwiers in Petershagen an der Mittelweser das Telefon: Obwohl sein Urlaub noch gar nicht abgelaufen war, vor allem obwohl bis „Vollschiff" nur noch 300 Tonnen Rohware zu fangen und zu Frostfilet zu verarbeiten waren, bat Reedereichef Detlev Wisch seinen Kapitän, zusammen mit dem 1. Steuermann Willi Neumann am 23. März 1981 nach Alaska zurückzufliegen. Schwier sollte Max Faust ablösen und den Seeumschlag auf ein Kühlschiff selbst leiten. Wisch hatte sich schon etwas bei dem Kommandowechsel gedacht – was, das sollte Schwier bald erfahren.

Im Normalfall hätte die „Friedrich Busse" ihre Ladung – die Rohware für die fehlenden 100 Tonnen Frostfilet war schnell gefangen – auf See gelöscht, nicht bei den Aleuten, sondern außerhalb der 200-Seemeilen-

Fangfabrikschiff „Friedrich Busse", benannt nach dem Pionier der deutschen Hochseefischerei (DSM-Archiv)

Grenze auf hoher See und wegen der gewaltigen Strömung, die bei dieser Inselgruppe im Nordpazifik stets herrscht, im Packeis. Detlev Wisch jedoch überraschte den Käpt'n mit der Order, Ensenada in Nieder-Kalifornien anzulaufen und die Ankunft eines avisierten holländischen Kühlschiffes abzuwarten, das sich von Curaçao, der größten niederländischen Antilleninsel, bereits auf dem Wege zu den Aleuten befunden und inzwischen neuen Kurs auf den Panamakanal genommen hatte, mit dem Auftrag, in Ensenada die tausend Tonnen Frostware und 420 Tonnen Fischmehl zu übernehmen, die im Bauch der „Friedrich Busse" lagerten. Die Beweggründe für die beim ersten Hinsehen unverständliche Entscheidung des Nordstern-Chefs, diesen Riesenumweg in Kauf zu nehmen, der unvermeidbar viel Zeit und damit zugleich viel Geld kosten würde, mögen politischer Natur gewesen sein – Bodo Schwier weiß es nicht. Mit Sicherheit wollte die Reederei die notwendige Zahlung der ansonsten sehr hohen Einfuhrzölle so klein wie möglich halten. Die Kühlfrachter kamen von der holländischen Insel im Karibischen Meer. Sie wurde zur Europäischen Gemeinschaft gerechnet. Die Reederei sparte bei dieser Rechtslage 15 Prozent Einfuhrzoll. Auf jeden Fall hieß es urplötzlich: Ab nach Mexiko.
Ensenada – nie gehört, wo mag dieses Kaff bloß liegen? Ein Blick auf die Landkarte gibt Aufschluss: Ensenada ist in Nieder-Kalifornien (Mexiko) knapp hundert Kilometer von der Staatsgrenze der Vereinigten Staaten

von Amerika entfernt zu finden. Die nächstgelegenen Großstädte heißen Tijuana auf der mexikanischen Seite der Grenze und San Diego in den USA. Ensenada ist eine mittelgroße Stadt mit vielleicht, so schätzt Schwier, 30 000 bis 40 000 Seelen. Unter denen befanden sich, wie sich bald erweisen sollte, auch einige gefühlsarme, durch und durch korrupte, sogar brutale Uniformträger.

„Das Kühlschiff war schon vor uns eingetroffen. Da lagen wir nun auf Reede, tagelang, und warteten auf die Genehmigung aus Mexico-City, dass wir die Ladung auf das Kühlschiff umschlagen durften", erinnert sich Schwier. „Wir hatten eine spanische Agentin in Ensenada, eine junge, hübsche Frau, aber die konnte uns auch nicht helfen, sondern nur jeden Tag mit dem unvermeidlichen ,manana' (zu deutsch: morgen; bedeutet aber als gebräuchliche Floskel soviel wie: nur Geduld, es wird schon werden) hinhalten."

Die Besatzung für Tage oder womöglich gar für Wochen auf dem Schiff eingesperrt zu halten im Angesicht der Stadt gleich hinter dem Strand, das wäre psychologisch die schlechteste aller Lösungen gewesen. Damit die Männer sich nicht ständig auf dem Schiff eingeschlossen fühlen mussten, sondern zwischendurch an Land gehen konnten, wurde ein Motorboot mitsamt seinem mexikanischen Eigner gechartert. Alles schien perfekt zu klappen: Das Boot pendelte nach Bedarf zwischen Schiff und Strand und musste nicht den Umweg durch den Hafen nehmen.

Am ersten Tag fiel Bodo Schwier lediglich auf, dass die Tür zum Wohntrakt des 1. Ingenieurs Heino Judaschke auch tagsüber verschlossen blieb. Sie lag gegenüber den Räumen des Kapitäns.

„Ich dachte, er hat wohl die Nacht über an der Maschine gearbeitet und will sich nun ausschlafen."

Die Erlaubnis aus Mexico-City, dass die „Friedrich Busse" ihre Ladung in Ensenada löschen durfte, ließ länger auf sich warten, als Bodo Schwier lieb sein und der Reedereileitung in Bremerhaven schmecken konnte. Der Kapitän besuchte daher jeden Vormittag die Agentin, um das Neueste zu erfahren, und kehrte jedes Mal so gegen halb zwei ohne Lizenz in der Tasche auf den Trawler zurück. Am zweiten Tag hatte er den Eindruck, dass seine Crew zu schrumpfen begann. Steuermann Willi Neumann, den er darauf ansprach, hatte eine Erklärung:

„Die sind alle an Land. Aber die Wachen sind vorschriftsmäßig besetzt."

So war es auch, und deswegen schien vorerst noch kein Anlass zur besonderen Besorgnis zu bestehen.

„Am dritten Tag – die Wachen waren wie immer besetzt – gewann ich den Eindruck, dass sich noch weniger Besatzungsmitglieder an Bord aufhielten als tags zuvor. Die Tür zum Appartement des Chiefs war immer noch verschlossen. Und Würstchen-Willi, unser Koch, der sich tagsüber ständig an

Bord aufhalten musste, weil er für die Verpflegung zu sorgen hatte, fiel dadurch auf, dass er der einzige war, der jeden Abend um Vorschuss bat. Auf meine Frage, wofür er so viele Dollars benötige, zeigte er als Beweis für erlebnisreiche nächtliche Streifzüge durch die mexikanische Stadt schon nach dem ersten Tag und danach vor dem nächsten und jedem weiteren Landgang stolz ein Foto vor, auf dem er selbst abgebildet war und in seinem Arm jeweils ein anderes schönes Mädchen. Wie er mir glaubhaft versicherte, hätten solche Nächte eben ihren Preis."

Am Nachmittag des dritten Tages erschien der Kapitän des holländischen Kühlschiffes mit drei Mexikanern auf der „Friedrich Busse". Die Männer in seinem Gefolge unterbreiteten Schwier, wie der Holländer dolmetschte, das Angebot, der deutsche Trawler könnte die Lizenz zum Umschlag der Ladung unverzüglich erhalten. Dafür wären allerdings sofort 10 000 Dollar auf die Hand zu zahlen. Bodo Schwier fand die Offerte zwar verlockend, sogar den Preis angemessen („Was sind schon 10 000 Dollar bei dem Millionenwert der Ladung, die im Bauch des Schiffes steckte …") und sagte es auch den Mexikanern, aber irgendwie kam ihm die Offerte windig und dubios vor. Deswegen vertröstete er die drei Einheimischen auf den nächsten Tag unter dem Vorwand, selbst über einen solchen Betrag nicht verfügen zu dürfen. Diese Vollmacht hätte allein Kapitän Werner Muschkeit, der Nautische Inspektor der Nordstern-Reederei, dessen Ankunft für morgen angekündigt wäre. Tatsächlich sollte Muschkeit erst zwei Tage später eintreffen.

Am vierten Tag kam einer der Steuerleute zum Käpt'n:

„Hier ist ein junges Mädchen, das Sie unbedingt sprechen will." Selbst ein gestandener Kapitän hat nichts dagegen, mit einem jungen Mädchen zu sprechen. Bodo Schwier bat es herein.

Es erschien eine Amerikanerin, die folgendes zu berichten hatte: Sie wäre mit ihrem Bruder aus den USA herübergekommen; beide hätten gestern Besatzungsmitglieder des deutschen Trawlers kennen gelernt und mit ihnen einen Bummel durch die Kneipen unternommen. Und dann die Schreckensnachricht: Als ihr Bruder und sie die Männer von der „Friedrich Busse" zum Boot begleiteten, das die Seeleute vom Strand zum Schiff zurückbringen sollte, hätte die mexikanische Polizei sie abgefangen und nicht nur ihren Bruder, sondern auch ihre neuen Bekannten verhaftet und in dem Calabozo eingelocht. Als sie ihren Bruder heute morgen herausholen wollte, hätten ihr die mexikanischen Bewacher eiskalt erklärt: Erst cash, danach kommt der Bruder wieder frei.

Auf ihren Einwand, „aber ich habe doch kein Geld mehr", gaben ihr die Beamten den Ratschlag mit auf den Weg, sich an den Kapitän des deutschen Trawlers zu wenden. Der könnte dann gleich seine eigenen Leute mit auslösen. Nun dämmerte es Bodo Schwier, warum die Tür zu den Wohnräumen des Chiefs seit drei Tagen verschlossen war und weswegen sich immer weniger Leute auf dem Schiff aufhielten. Die „saßen" alle samt dem 1. Ingenieur. In diesem Augenblick konnte er noch nicht wissen, dass sie in Wahrheit gar nicht saßen, sondern standen.

Der Kapitän und sein 1. Offizier Klaus Schröder handelten sofort. Sie mieteten ein Taxi, nahmen reichlich Bargeld mit und fuhren zunächst bei der Agentin vor, die spontan zu jammern begann, als sie von der Verhaftung der Männer erfuhr: Im Calabozo gäbe es Ungeziefer und Ratten in Massen, überhaupt, alles wäre so schrecklich. Mit ihnen zum Gefängnis zu fahren lehnte sie entsetzt ab.

Der Calabozo erwies sich als ein altes, verwahrlostes Castell. Ein Wachposten ließ Schwier und Schröder ein und führte sie in das Office. Beiden wurde allein beim bloßen Anblick des Gemäuers mulmig zu Mute. Wenn die uns auch einsperren, dachten sie, was dann?

Soweit sollte es jedoch nicht kommen. Weil beide des Spanischen nicht mächtig waren, zitierten die Mexikaner eine Dolmetscherin herbei, eine schwergewichtige Dame, die gutes, sogar akzentfreies Deutsch sprach. Klaus Schröder ging mit einem Wärter nach unten in das Verlies, um festzustellen, wie viel Besatzungsmitglieder des deutschen Trawlers einsaßen. Es waren, mit letzter Genauigkeit kann es Schwier nicht mehr sagen, 23 oder 28 Mann, mehr als ein Drittel der Crew auf jeden Fall. Den Anblick, der sich Schröder und von oben auch Schwier bot, übertraf alles, was ihnen bis dahin vor Augen gekommen war. Eine Katakombe war in den Fels hinein gehauen worden, auf jeder Seite eines vielleicht zwei Meter breiten Ganges befanden sich fünf Zellen, die mit Gitterstäben gesichert waren und an denen entlang eine Rinne zum Urinieren verlief. Toiletten, welch ein Luxus auch, waren nicht vorhanden. Die Häftlinge – insgesamt 150, schätzte Schwier – standen in jeder Zelle Mann an Mann, so eng, dass keiner umfallen konnte.

„Als Mitteleuropäer kann man sich keine Vorstellung davon machen, wie es da aussah und vor allem wie es stank. Selbst im finstersten Mittelalter konnte es kaum schlimmere Zustände gegeben haben."

Als Klaus Schröder seine Schäflein herausfischte, wurde gerade Klar Schiff gemacht. Die Reinigung ging in der Weise vonstatten, dass eine Zelle geöffnet wurde und deren Insassen sich in einer Reihe auf der gegenüberliegenden Seite des Mittelganges aufzustellen hatten. Ein Wärter kam mit dem Schlauch vorbei, jeder Häftling hatte eine tiefe Verbeugung zu machen, wenn er ihn passierte („sonst hätte er wohl einen kräftigen Knuff erhalten ..."), und ein scharfer Wasserstrahl stellte einen Zustand herbei, der wohl mexikanischen, aber keineswegs europäischen Begriffen von Hygiene in einem Gefängnis entsprach.

Die Männer und der Amerikaner durften die Zellen verlassen, und im

Office wurde die Rechnung aufgemacht: Für jeden Mann und jeden Tag musste für Verpflegung und Unterbringung gelöhnt werden. Zu essen bekamen die Häftlinge morgens einen Beutel voll Brötchen ähnlichem Gebäck, um das es jedes Mal eine Rangelei gab, mittags eine scharfe Bohnensuppe mit Chili.

„Es kamen insgesamt zwischen 800 und 900 Dollar heraus, die wir auf den Tisch zu legen hatten", berichtet Schwier. Eine Quittung, um die er bat, verweigerte der Mexikaner und drohte im gleichen Atemzug, die Männer wieder hinter Schloss und Riegel zu bringen, wenn der Kapitän nicht augenblicklich zahle.

Es blieb Bodo Schwier nichts anderes übrig: Er musste seine Männer und den jungen Amerikaner gegen das verlangte Bare freikaufen, ohne Quittung, die für die Abrechnung mit der Reederei unerlässlich war. So musste er jedem der ausgelösten Männer den auf ihn entfallenen Anteil auf die Vorschusszahlungen anrechnen lassen.

Zurück an Bord ließ sich der Kapitän berichten, wieso die halbe Crew im Gefängnis gelandet war, denn:

„Ich hätte für meine Leute die Hand ins Feuer gelegt", sagt er. „Und wenn sich wirklich einer in der Stadt daneben benommen hätte, hätte ich den im Kerker schmoren lassen und nicht ausgelöst."

Tatsächlich waren alle zu Opfern einer gezielten Aktion geworden. Abends, wenn die Männer einzeln oder zu zweit aus der Stadt zurück kamen und sich dem Strand näherten, braussten zwei Polizisten, die auf der Lauer gelegen hatten, mit ihrem Jeep heran, filzten die Taschen, nahmen ihnen alles ab, was brauchbar erschien, und wenn einer zu protestieren wagte, hieß es sofort: „Ab in den Calabozo!" Und alle protestierten. Nur den Elektriker Hans Grabau (damals 44 Jahre alt) ließen sie laufen.

„Ich musste aber noch mit auf die Wache. Vorher hatten sie mir noch das Portemonnaie abgenommen, in dem sich etwas über hundert Dollar befanden", weiss er zu erzählen. „Als ich es hinterher wieder bekam, war es leer."

Kapitän Schwier ist sich sicher: „Keiner von meinen Leuten hatte sich auch nur das Geringste zu schulden kommen lassen. Sie alle wurden von der Polizei ausgenommen wie Weihnachtsgänse. Keiner besaß nach dem Gefängnisaufenthalt auch nur noch einen Dollar." Die Agentin antwortete hinterher auf die Frage, wie so etwas in einem angeblich zivilisierten Land möglich sei: „Das ist hier gang und gäbe." Einige von den Männern waren von dem grauenhaften Erlebnis so geschockt, dass sie nicht an Land zu gehen wagten, als die „Friedrich Busse" nach Wochen noch einmal in den Hafen von Ensenada einlaufen musste.

Die Offerte der drei Mexikaner, für 10 000 Dollar cash die Genehmigung für den Umschlag der Ladung auf das holländische Kühlschiff zu beschaffen, erwies sich im Nachhinein als freches Betrugsmanöver, als versuchte Beutelschneiderei. Die Behörden, für die sie angeblich sprachen, verweigerten dem deutschen Trawler schlichtweg die Lizenz. Von Geld war in dem Zusammenhang gar nicht die Rede.

Die Zeit drängte. Deswegen musste der Umschlag der Ladung von der „Friedrich Busse" auf den holländischen Kühlfrachter wohl oder übel auf hoher See in internationalen Gewässern vonstatten gehen. Weil 200 Seemeilen vor der Küste noch eine mexikanische Insel liegt, dampften beide Schiffe gut 400 Seemeilen in den Pazifik hinein. Das Löschen erwies sich in der hohen Dünung als schwieriges Unterfangen. Anfangs wollten Trawler und Frachter nicht längsseits zusammenkommen.

„Im leeren Zustand trieb der Kühlfrachter im Wasser wie eine Schott'sche Blase*), wie eine Feder über die See", umschreibt Schwier die Situation.

Als beide Schiffe endlich Bord an Bord lagen, liefen sie mit vier, fünf, maximal sechs Seemeilen Geschwindigkeit vor der See, und der Löschvorgang ohne Lizenz klappte nahezu perfekt.

Ein Albtraum war ausgeträumt, aber die Erinnerung an Ensenada, die verheerenden Verhältnisse im Calabozo und die korrupten mexikanischen Beamten blieb. Unauslöschlich.

Nachtrag

Es war inzwischen Mai geworden. Je näher die „Friedrich Busse" dem Äquator kam, umso mehr empfanden die Männer die Hitze als unerträglich. Der Trawler war zwar seine Ladung aus Frostfilet losgeworden, nicht jedoch den Muschel- und Algenbewuchs am Rumpf, der sich beim Fischen in der Arktis unvermeidlich eingestellt hatte. Aus Bremerhaven traf die Order ein: Das Schiff sollte alsbald in eine Werft und aufgedockt werden. Und zwar in Mazatlán, der größten mexikanischen Hafenstadt an der Pazifikküste, direkt am Tor zum Kalifornischen Golf gelegen. Für dieses Seegebiet fanden sich aber, wen wundert's, auf der Brücke der „Friedrich Busse" keine Seekarten. Es blieb nur eine Möglichkeit, die Schwier sogleich ergriff: Er und seine Nautiker zeichneten nach Vorlagen, die greifbar waren, selber eine Seekarte. Nach diesem Provisorium navigierten sie und steuerten eine Position an, an der sie in etwa Mazatlán vermuteten. Als der Trawler da-

---

*) Als „Schott'sche (vermutlich Abkürzung für Schottische) Blasen" wurden einstmals in der Loggerfischerei Bälle von etwa sechzig Zentimetern Durchmesser bezeichnet, die an den Fleets, den Treibnetzen, angebracht waren. Sie bestanden aus Leinenstoff, der von außen mit einer Teerschicht wasserundurchlässig gemacht worden war, hatten einen weißen Anstrich und trugen, damit über die Besitzverhältnisse an den Fleets kein Zweifel aufkommen konnte, gut lesbar die Fischereinummer des Loggers. Die Schott'sche Blase war an ihrer Unterseite auf einem runden Holzbrett befestigt; sie wurde auch von unten aufgepumpt. Bodo Schwier erinnert sich, dass diese Schwimmkörper im aufgepumpten Zustand eine Form annahmen, die einem Mittelding zwischen Apfel und Birne glich.

selbst eintraf, war bereits die Dunkelheit eingebrochen, und es ließen sich nur einige vorgelagerte Inselchen ausmachen. Am nächsten Morgen, siehe da, lagen sie exakt vor der Hafeneinfahrt. Die Hafenbehörde erschien und lotste das Schiff zu dem ihm zugedachten Ankerplatz dreihundert bis vierhundert Meter vom Strand entfernt, unmittelbar neben der Einfahrt, vor der immer eine hohe Brandung stand. Die Beamten checkten das Schiff nicht nach der Ankunft gleich ein, wie es in anderen Ländern üblich ist, sondern nahmen lediglich die notwendigen Unterlagen einschließlich sämtlicher Seefahrtsbücher mit, die am Ende des Besuches zurückgegeben werden sollten. Erst vor dem Auslaufen kontrollierte die Behörde dann, ob die Besatzung vollständig an Bord versammelt war. Und bei dieser Kontrolle sollte Schwier eine weitere Überraschung erleben.

Als sich nach einiger Zeit noch nichts ereignet hatte, ließ Schwier ein Boot klarmachen, um erst den Agenten zu kontaktieren und danach die Werft zu suchen.

„Außerdem brauchten wir dringend Proviant und Brennstoff", schildert der Kapitän die damalige Situation. „Aber das Einzige, was wir bekamen, war Farbe."

Danach unternahm er mit dem Boot eine Rundfahrt durch das ausgedehnte Hafengebiet und entdeckte viel Sehenswertes, nur keine Werft, auf der sein Schiff hätte aufgedockt werden können. „Es gab da nur eine mickrige Bootswerft, die für ganz kleine Schiffe von vielleicht dreihundert Tonnen Tragfähigkeit ausgelegt war."

Die per Telefon aufgescheuchte Reederei in Bremerhaven schickte ein zweites Mal ihren Inspektor Werner Muschkeit nach Mexiko. Zusammen mit Schwier suchte er nach einem Ausweg und speziell nach „El Commandante" von Mazatlán, dem Hafenkommandanten, der auch nicht helfen konnte oder wollte, weil er sich entweder verleugnen ließ oder wirklich nicht anwesend war – er befand sich angeblich auf der Jagd.

Es war bereits Freitag, und somit drohte ein weiteres Wochenende verloren zu gehen. Werner Muschkeit mit seinem Verhandlungsgeschick und seinen guten Sprachkenntnissen schaffte es wenigstens zu erreichen, dass die Behörde am Sonnabend bereit war, die Papiere wieder herauszurücken. Unter einer für Mexiko wohl typischen Bedingung jedoch, die sofort die unliebsame Erinnerung an Ensenada aufkommen ließ: Es mussten Pakete gepackt und übergeben werden. Ihr Inhalt war penibel aufgelistet – je eine Flasche Whisky einer ganz bestimmten Sorte und weitere Kostbarkeiten. Tatsächlich packte der Kantinenverwalter, der anfänglich noch protestiert hatte, weil er seine Bestände schon schrumpfen sah, auf Weisung Schwiers auch Ladenhüter ein, so Liköre, die kein aufrechter Hochseefischer auch nur anrühren geschweige denn verkasematuckeln mochte.

Als der zuständige mexikanische Beamte jedem Besatzungsmitglied sein

Seefahrtsbuch aushändigen wollte, kam heraus, was Bodo Schwier einen weiteren Schreck einjagte: Ein Mann fehlte. Da war Holland in Not in Mexiko. Der Kapitän musste 5000 Dollar Kaution hinterlegen, ehe er mit seinem Schiff auslaufen durfte. Dem Agenten erteilte er den Auftrag, den Mann sofort nach Alaska nachzuschicken, sobald er aus Mazatláns Kneipendschungel wieder auftauchen sollte. Was dann auch geschah.

Werner Muschkeit hatte in der Zwischenzeit ermittelt, in welchem Hafen der Trawler den so dringend benötigten Brennstoff übernehmen könnte – ausgerechnet in Ensenada. Die Besatzung war alles andere als glücklich über diese Aussicht, aber Bodo Schwier hatte nun einmal keine andere Wahl. So dampfte er durch den Golf und danach Nieder-Kalifornien hoch zu dem Hafen, in dem so viele Männer wenige Wochen zuvor die Hölle auf Erden erlebt hatten.

Die Hitze ließ das Leben an Bord immer unerträglicher werden. Es sollte jedoch noch schlimmer kommen. Viele Männer von der „Friedrich Busse" hatten nicht darüber nachgedacht, dass sie sich in einem Land befanden, in dem fünf Jahrhunderte zuvor Montezuma (1466 bis 1520) das Aztekenreich beherrscht hatte, bevor ihn der spanische Eroberer Cortez im November 1519 gefangen nahm und der Herrscher selbst bei einem Aufstand seiner Mexikaner am 30. Juni 1520 tödlich verwundet wurde. Montezumas über seinen Tod hinaus reichende Rachegelüste galten nicht nur Spaniern. Sie trafen diesmal auch die Deutschen, die sich trotz der noch längst nicht verarbeiteten Erlebnisse getraut hatten, den Fuß auf den Boden Ensenadas zu setzen. Ihnen mundeten zwar die von den Garküchen angebotenen Gerichte aufs vortrefflichste, aber die Spezialitäten des Landes bekamen den meisten eher schlecht. Die halbe Besatzung war krank.

Drei Tage lang passierte in Ensenada gar nichts, bis die spanische Agentin mit der Nachricht aufwartete, die mexikanischen Behörden seien damit einverstanden, dass die „Friedrich Busse" 53 Tonnen Dieselöl übernehmen durfte.

„Die reichten gerade einmal für drei Tage", sagt Bodo Schwier. Immerhin – der Trawler schaffte es bis zu den Aleuten, lief zum Bunkern Dutch-Harbor*) auf der Aleuteninsel Unalaska-Island an und nahm den Fischereibetrieb wieder auf. Mittlerweile war in der Arktis der Sommer eingekehrt; die Kabeljaufänge fielen von Tag zu Tag dürftiger aus. Deswegen charterte die Reederei in Kodiak vier leistungsstarke amerikanische Kutter samt Besatzungen, die innerhalb der Zwölf-Seemeilen-Zone für die „Friedrich Busse"

---

*) Dieser Naturhafen trägt den Namen Dutch-Harbor, weil er den Holländern einstmals als Stützpunkt für ihrer Walfangschiffe diente. Von Dutch-Harbor aus wird immer noch Fischerei betrieben. Ganz in der Nähe des Hafens befindet sich eine Siedlung der Eskimos. Bekannt wurde Unalaska-Island, weil die USA im Zweiten Weltkrieg darauf eine große Militärbasis errichteten, nachdem die Japaner es gewagt hatten, zwei weit in den Nordpazifik hineinreichende Aleuteninseln im Handstreich zu besetzen.

den Kabeljau fingen. Später, als die Fänge immer noch nicht ausreichten, um die Fabrik einigermaßen auszulasten, kamen weitere Boote hinzu.

„Wir haben selber nicht mehr gefischt, sondern nur noch den Kabeljau von den Kuttern in der Fabrik verarbeitet. Die Fänge wurden tagtäglich nach Gewicht abgerechnet. Den eigentlichen Gewinn haben die Amerikaner eingestrichen, wir weniger."

Einen, den Eigner des Schiffes „Bona Genoveva", den Deutsch-Amerikaner Walter Kuhr (übrigens ein Neffe des ehemaligen Bremerhavener Werftbesitzers Gustav Kuhr), kannte Schwier von früher her.

„Wir waren zusammen als Matrosen gefahren. Wegen seines auffälligen Haarschopfes trug er den Spitznamen ‚Der rote Bomber'."

Bis 22 Uhr ließ sich der Kabeljau im Schelfgebiet fangen, dann verschwand er im tiefen Wasser, und an seiner Stelle erschien die so genannte Atka-Makrele, ein bildschöner gelb-schwarzer, aber stacheliger Fisch, der nicht für die Verarbeitung geeignet und daher nach dem Verständnis der Fischerleute eine Seeplage war.

Eines Morgens erschien Willi Neumann, der nun wieder die Funktion des 1. Steuermanns übernommen hatte, bei Bodo Schwier und meldete aufgeregt, dass die amerikanischen Boote verschwunden seien. Erst mittags erschienen sie auf der Kimm. Sie waren von dem starken Ebbstrom, der in diesem Seegebiet herrschte, viele Meilen weit in den Pazifik hinein abgetrieben worden, nachts, als die Crews schliefen. Wachen hatten die Amerikaner nicht aufgezogen.

Die Lehre aus dieser Erfahrung:

„Wir haben die Boote fortan bei uns in einer Kiellinie angebunden. Willi Neumann dampfte nachts langsam durch das Gebiet und stellte fest, wo der Kabeljau sich sammelte. Morgens gegen fünf feuerte er zwei Kanonenschläge über die Masten in Richtung der Boote ab, weckte damit die Amerikaner etwas unsanft, und der Fangbetrieb lief aufs Neue an."

Für Bodo Schwier gingen die abenteuerlichen Monate schließlich zu Ende. Kapitän Heinrich Leukert löste ihn ab. Er selbst flog zurück nach Deutschland und verbrachte die nächsten Wochen bei seiner Familie in Petershagen.

BIOGRAFISCHES

BODO SCHWIER

Seine Familie ist im kleinen Ort Wasserstraße an der Mittelweser heimisch, in jenem westfälischen Land, dessen männliche Bewohner, wenn ihnen die Landwirtschaft kein Auskommen sicherte, schon seit vielen Jahrzehnten ihr Brot als Fischerleute verdienten, rund zwei Drittel auf Loggern in der Heringsfischerei, das restliche Drittel in der Großen Hochseefischerei.

Bodo Schwier

Auch sein Vater war auf Segelloggern und Fischdampfern gefahren. Bodo Schwier selbst wurde zwar am 8. Februar 1934 in Wesermünde geboren, aber als er vier Jahre alt war, zog es seine Familie nach Wasserstraße, heute Ortsteil von Petershagen, zurück, in den Heimatort des Vaters.

Schon als zwölf- und dreizehnjähriger Schüler – ein guter Schüler übrigens – heuerte er in den großen Ferien auf Heringsloggern an. Sein Berufsweg war damit vorgezeichnet. Im Jahre 1948 machte er ernst, obwohl ihm sein Vater abgeraten hatte: Unter Kapitän Heinrich Nagel, dem vielfachen Vegesacker Heringskönig, steuerte er zielsicher die seemännische Laufbahn an, im Sommer als Heringsfänger und im Winter, um auf genügend Fahrtzeiten zu kommen, als Hochseefischer. Die Fahrtzeiten hatte er längst beisammen, als er mit 21 Jahren in Windheim an der Mittelweser die Seefahrtschule, eine eigens für Heringsfänger eingerichtete Zweigstelle der Seefahrtschule Bremen, besuchte und diese erfolgreich abschloss. Ein Jahr fuhr er noch als Steuermann auf Loggern, um danach endgültig in die Hochseefischerei nach Bremerhaven zu wechseln. Im Jahre 1961 erhielt er an der Seefahrtschule Bremerhaven das Kapitänspatent.

Die Karriereleiter bis zum Kapitän stieg er in knapp zehn Jahren empor. Er war 31, als er das Kommando über seinen ersten Fischdampfer, die „Jupiter" der Reederei Nordstern, anvertraut erhielt. Auf gutes Zureden von Direktor Detlef Wisch (Schwier: „Ich wollte das Schiff anfangs gar nicht ...") übernahm er 1966 die „Uranus", die schon halbwegs als Fabrikschiff konstruiert war. Eine Entscheidung übrigens, die er nachträglich nicht bereut haben sollte. Danach fuhr er – als Spitzenkapitän der „Nordstern"-Flotte inzwischen unumstritten – nacheinander hochmoderne Fangfabrikschiffe: die Neubauten „Sonne" (seit 1969), „Mond", „Sagitta Maris" und zuletzt die „Friedrich Busse". Nach der Mexiko-Reise kam es zu Misshelligkeiten mit der Reedereileitung, die dazu führten, dass Schwier ein Angebot der Hanseatischen Hochseefischerei AG akzeptierte und deren Fangfabrikschiff „Geeste" für fünfeinhalb Jahre übernahm. Als die „Hanseaten" – die Zeit der deutschen Hochseefischerei neigte sich dem Ende zu – den Trawler nach China verkauften, leitete Schwier noch die Überführung in den Fernen Osten. Seine Karriere aber war damit noch nicht beendet. Schwier trat

1987 in den Dienst des englischen Reeders Thomas (Tom) Boyd und operierte bis 1994 von Hull aus erfolgreich mit den Fangfabrikschiffen „Arctic Corsair", „Arctic Ranger" und „Arctic Challenger".

Seit 1994 lebt Bodo Schwier – mit einer Unterbrechung, die noch einer Schilderung bedarf – als Ruheständler in Petershagen. Dafür ist er in Ehrenämtern umso umtriebiger geworden. Er widmet sich vornehmlich der Pflege des kulturellen Brauchtums in seiner Heimatgemeinde und als langjähriger Vorsitzender des SPD-Ortsvereins der Kommunalpolitik. Bodo Schwier war Ratsmitglied in der Stadt Petershagen und ist seit 1994 nach wie vor Vorsitzender des Seemannsvereins Wasserstraße.

Aber wie das so ist mit dem Ruhestand: Manchmal kommt einem etwas in die Quere, etwas völlig Unerwartetes. So geschah es auch Bodo Schwier. An einem Tage im Dezember des Jahres 1998 erreichte ihn ein Anruf aus Hull …

Hilferuf aus Hull

Zunächst war es nur ein Anruf, ein überraschender jedoch. Aus Hull meldete sich Terry Tresh, Nautischer Inspektor der Boyd-Line, den Bodo Schwier aus seinen „englischen Jahren" gut kannte. Der Engländer, der 1967 als Kapitän des Trawlers „Arctic Brigant" den „Callenge Cup", die höchste Auszeichnung für einen Hochseefischer in Großbritannien, für ein Jahresergebnis von 38 806 Kits*) gewonnen hatte, erkundigte sich angelegentlich, wie es ihm, Schwier, denn wohl gesundheitlich gehe. Er selbst wolle ab dem nächsten Jahr endlich in den Genuss des Ruhestandes kommen. Und so weiter im Small Talk.

Bodo Schwier hinterher zu seiner Frau: „Wieso ruft mich Terry plötzlich an und will wissen, wie es mir geht, ob ich noch fit bin? Das macht der doch nicht ohne Grund ..."

Mit dieser Annahme sollte er sich nicht geirrt haben. Zwei Tage später griff in Hull Reedereichef Tom Boyd selbst zum Hörer und ließ die Katze aus dem Sack: Er möchte gerne Bodo Schwier als Nothelfer gewinnen. Ihm würden die Produktionszahlen eines seiner Fangfabrikschiffe große Sorgen bereiten, der früheren „Artic Ranger", die nun Murmansk als Heimathafen hatte und den Namen „Rubin" trug. Ob Schwier wohl einmal nach dem Rechten schauen könnte?

Dieses Schiff hatte Boyd deswegen nach Russland ausflaggen lassen, weil er in Murmansk mit einem ortsansässigen Unternehmen ein Joint Venture eingegangen war, um an den russischen Kabeljauquoten teilhaben zu können. Nun fische der Trawler, wie Boyd klagte, schon seit fast zwei Monaten unter Spitzbergen und in der Barentsee und bringe es auf eine Tagesproduktion von gerade einmal 1,8 Tonnen. Als Spitzenergebnis, wie er betonte! Außer dem russischen Kapitän sei der Engländer Graham Wilson an Bord, der aber die Situation auch nicht in den Griff habe bekommen können. Vielleicht würde er, Schwier ...

„Mister Boyd", antwortete Bodo Schwier, „eine solche Entscheidung kann ich nicht übers Knie brechen. Darüber muss ich zunächst mit meiner Frau reden. Es geht auf Weihnachten zu, und ich bin in meiner 46jährigen Fahrenszeit sieben oder acht Mal vor den Festtagen daheim gewesen. Bedenken Sie auch, dass ich seit viereinhalb Jahren nicht mehr im Geschäft bin. Selbst wenn ich ja sagen wollte, müsste ich mich erst einem Gesundheitstest unterziehen."

Dennoch erkundigte sich der Kapitän aus Freundschaft zu Boyd – oder aus fachlicher Neugierde? – gleich nach den möglichen Ursachen der Malaise.

---

*) Ein englisches Kit entspricht in etwa 68 bis 69 Kilogramm.

Ob mit den Motoren („Mit der Maschine haben gerade Engländer oftmals so ihre Probleme …") alles in Ordnung sei? Wie es um das Schiff selbst stehe?

Nein, nein, erwiderte Tom Boyd, am Zustand des Schiffes könne es nicht liegen, technisch sei alles okay. Die „Rubin" sei erst vor dem Auslaufen noch in der Werft gewesen und klassifiziert worden. Und das Fanggeschirr?, hakte Schwier nach. Darüber wusste Boyd keine genauere Auskunft zu geben.

Bei sich dachte der Nothelfer in spe: Das ist ein verdammt unangenehmer Job, den Tom Boyd dir da anbietet – einem Schiff hinterher zu fahren, das nichts fängt. Du wirst in eiskaltes Wasser geworfen und von Beginn an von den Nautikern misstrauisch beäugt.

Und er fragte seine Frau.

„Du hast immer gesagt, die Jahre auf den ‚Arctic'-Schiffen sind für dich die besten gewesen", antwortete sie zu seiner Überraschung. „Du hast ein sehr gutes Verhältnis zu Boyd gehabt. Wenn er nun Schwierigkeiten hat, musst du ihm helfen. Fahr ruhig hin. Meinen Segen hast du."

Schwier ließ sich durchchecken und erhielt die Diagnose: kerngesund.

„Das war wohl nicht ganz richtig. Neun Monate später, im September 1999, hatte ich einen Herzinfarkt."

Tom Boyd rief zwei Tage später nochmals an und bat ihn, möglichst schnell für ein, zwei Tage nach Hull zu kommen. Er selbst müsse dringend nach Südwestafrika fliegen, vor dessen Küste einer seiner Trawler fischte. Vor dem Abflug möchte er unbedingt mit Schwier sprechen.

Als Schwier in Bremen das Flugzeug besteigen wollte, klopfte ihm jemand von hinten auf die Schulter. Es war einer von den jüngeren Kollegen, die er aus seiner Zeit bei der Nordstern-Reederei kannte, Kapitän Karl-Heinz Segebrecht.

„Wohin willst du denn?", fragte Segebrecht.

„Nach Hull", antwortete Schwier. „Und du?"

„Ich auch. Dann können wir ja zusammen fliegen." Das konnte Bodo Schwier nur recht sein.

Kapitän Segebrecht fuhr damals Schiffe der Maar-Line, der zweiten in Hull noch verbliebenen Trawler-Reederei; die anderen Firmen hatten die Segel inzwischen gestrichen. Auch in Großbritannien ging es mit der Fischerei bergab. Im Flugzeug erkundigte sich Schwier detailliert nach den herrschenden Bedingungen bei Spitzbergen, der Bäreninsel und in der Barentsee, und als sie in Hull ankamen, war er bereits gut informiert. Noch gründlicher wurden seine Kenntnisse, als er Kontakt mit Paul Sheldon aufnahm, einem der jüngeren englischen Spitzenkapitäne, der die Fischerei gerade aufgegeben hatte.

Am nächsten Tag gab Schwier dem Reeder die Zusage: „Ich versuche das."

Selbstverständlich wollte Tom Boyd wissen: „Zu welchen Bedingungen?" Darauf Schwier: „Kein Erfolg, keine Bezahlung. Ansonsten gelten die alten Vereinbarungen." Boyd fand das Angebot fair.

Weitere zwei Tage später, nachdem er in Petershagen gepackt hatte, wollte Schwier eigentlich in einem Rutsch und an einem Tag von Hannover nach Hammerfest fliegen, aber nach der Zwischenlandung in Oslo konnte die Maschine nicht wieder abheben, weil der Flughafen total vereist war. Deswegen musste der Trawler zwei Tage länger als geplant auf seinen deutschen Berater warten. Der englische Kapitän Graham Wilson, der sich vergeblich bemüht hatte, im Fangbetrieb bessere Ergebnisse zu erzielen, ging von Bord, und Schwier übernahm schon beim Auslaufen freiwillig die Wache. Seine Befürchtung, nach viereinhalb Jahren Pause womöglich seekrank zu werden, erwies sich zum Glück als unbegründet.

Bodo Schwier wollte und musste herausfinden, warum die „Rubin" so wenig gefangen hatte. Er sprach mit dem Chief Mate (1. Steuermann), einem 31jährigen Russen („sehr guter Seemann, sehr guter Nautiker"), und lernte auch den Decks Mate (2. Steuermann), ebenfalls Russe („sehr guter Fischermann, sehr guter Techniker"), kennen und dachte bei sich: An denen kann es eigentlich nicht liegen.

Also forschte er weiter und suchte das Gespräch mit dem Kapitän, Michail mit Vornamen. Bei ihm lag nach wie vor die Verantwortung für Schiff und Ladung, und ihm verdeutlichte er die Situation:

„Ihr habt so gut wie nichts gefangen, und Misserfolge werden in der Fischerei bekanntlich sofort bestraft. Wenn wir nicht mit einer Ladung nach Hause kommen, die den Erwartungen der Reederei einigermaßen entspricht, betrifft mich das nicht. Ich fliege heim, du aber bist deinen Job los."

Das wirkte. Der Russe stimmte schließlich der von Schwier geforderten Aufgabenteilung zu.

„Ich", hatte Schwier bestimmt, „bin für die Fischerei zuständig, da hat mir niemand reinzureden." Alles Schriftliche hingegen fiel weiterhin in den Arbeitsbereich des russischen Kapitäns. Schwier: „Ich hasse ohnehin den Schreibkram, beherrsche weder die russische Sprache noch kenne ich mich in der kyrillischen Schrift aus und hätte das Tagebuch schon deswegen gar nicht führen können."

Zunächst ließ sich der Mann aus Petershagen die Situation vor der Südostküste der Bäreninseln erklären und auf der Karte die Sperrzonen zeigen, in denen nicht gefischt werden durfte. Als das Seegebiet erreicht war und sich auf der Fischlupe leichte Anzeigen erkennen ließen, die auf Schwärme hindeuteten, gab er die Order zum Aussetzen. Nach vier Stunden Schleppen ließ er einholen. Das Ergebnis: 300 Zentner Kabeljau. „Die Russen fielen aus allen Wolken."

Die Erfolgssträhne hielt an. Pro Tag produzierte die Fabrik zwischen sieben und elf Tonnen Frostfilet, die Fangmengen von 450 bis 700 Zentner Frischfisch entsprachen. Dennoch wollte es dem Chief Mate nicht einleuchten, mit welcher in seinen Augen ungewöhnlichen Taktik Schwier dem Rundfisch nachstellte und dabei auch noch Erfolg hatte. Er begriff einfach nicht, weshalb der Deutsche beim Aufdampfen zum Aussetzpunkt nicht den geraden Kurs nahm, sondern wegen der unterschiedlichen Wassertiefen die Kante entlang manövrierte, um die für den Fang günstigste Wassertiefe mit Fischanzeigen zu ermitteln, und dabei den Blick nicht vom Bildschirm ließ. Er hatte es anders gelernt. Und er sagte auch wie. Auf der Brücke entwickelte sich bald ein Frage- und Antwortspiel, eine Fachsimpelei unter Experten.

„Wir müssen doch viel stärker schleppen", glaubte der junge Nautiker zu wissen, wie sich die Maschinenleistung des Schiffes in noch bessere Fangergebnisse umsetzen ließe. Da ging Schwier ein Licht auf, da dämmerte ihm, was die Russen womöglich falsch gemacht hatten: Sie versuchten, den Kabeljau zu jagen anstatt ihn zu überlisten, und das konnte nicht gut gehen.

„Sie haben das leichte Fanggeschirr an der Schelfkante über den Kabeljau hinweggerissen", war seine Erkenntnis. „Der Fisch konnte sich also rechtzeitig wegducken."

Bodo Schwier blieb bei seiner Methode und kam in der Nacht von 6. zum 7. Januar 1999 Vollschiff (über 600 Tonnen Filet in den Tiefkühllagern) in Kirkenes an.

Anstatt nach Deutschland heimzureisen, flog der Kapitän entgegen seiner ursprünglichen Absicht von Kirkenes nach Hammerfest. Tom Boyd hatte ihn per Telegramm gebeten, für drei Wochen das Fangfabrikschiff „Arctic Corsair" zu führen, dessen englischer Kapitän dringend Urlaub machen müsse. Die Besatzung bestand ausschließlich aus Engländern, von denen ihm die meisten noch aus seiner Zeit bei der Boyd-Line bekannt waren.

Mitte Februar lief die „Artic Corsair" mit voller Ladung in Hull ein, Schwier nahm den nächsten Flieger nach Deutschland und blieb bis Ende Februar bei seiner Familie. Damit aber war das englisch-russische Abenteuer noch nicht abgeschlossen. Tom Boyd trug dem Deutschen eine neue Aufgabe an, und es sollte diesmal tatsächlich seine letzte sein. Nicht als Urlaubsvertretung, sondern als Fischereikapitän sollte er erneut auf der ausgeflaggten Ex-„Arctic Ranger" einspringen, die nun „Rubin" hieß.

In Hammerfest stieg er auf das Fangfabrikschiff über, traf aber auf einen anderen russischen Kapitän. Er hieß Nikolaj mit Vornamen und war ein ehemaliger Uboot-Kommandant, Sohn eines russischen Armeegenerals, der ihm wohl dank seiner guten Beziehungen zu dieser Position verholfen hatte. Der Russe hatte zu DDR-Zeiten 14 oder 15 Jahre mit seinen Eltern

Selbstbewusste, aber schwierige Partner: die russischen Kapitäne (von links) Nikolaj, Michail und der 1. Offizier Alexander (Foto: privat)

südlich von Schwerin in einem Offizierscamp gelebt, eingeigelt, ohne viel Kontakte zur deutschen Bevölkerung gefunden, ohne außer einigen Fäkalausdrücken die deutsche Sprache auch nur in Ansätzen erlernt zu haben. Nachträglich bedauerte er das Versäumnis.

In den ersten vier Wochen zeigte sich Nikolaj kooperativ und war wie vorher schon sein Landsmann und Kollege damit einverstanden, zunächst den gesetzlichen Part als Kapitän zu übernehmen und Schwier bei der Fischerei gewähren zu lassen. Die Absprache sollte sich lohnen: Der „Rubin" gingen an der Tiefseekante der Fugløybank in Höhe von Hammerfest große Mengen Schellfisch ins Netz. An einem Tage so viel, dass die Fabrik – die beiden Produktionsleiter, die einander nach jeder Schicht ablösten, waren die einzigen Engländer an Bord – auf eine Tagesproduktion von zwanzig Tonnen Frostfilet kam. Schon nach drei Wochen Fangtätigkeit unter dem deutschen Kapitän lief die „Rubin" mit 220 Tonnen Schellfischfilet in den Tiefkühllagern den Hafen Flekkefjord auf den Lofoten an und löschte ihre Ladung.

Sein russischer Kollege zeigte sich von dem Ergebnis zwar tief beeindruckt; es machte ihn aber offensichtlich auch eifersüchtig und stachelte seinen Ehrgeiz an. Er sei ebenfalls ein guter Seemann, erklärte er Schwier. Folglich sei er selbst in der Lage, erfolgreich zu fischen, und das werde er fortan auch tun. Basta.

„Gut, wir vermerken das im Tagebuch", erwiderte der Deutsche. „Ich betrachte meine Mission hiermit als beendet."

Tom Boyd in Hull, der Nachricht von den veränderten Kräfteverhältnissen auf der „Rubin" erhielt, war darüber alles andere als glücklich. Daher bat er Schwier, so weit wie möglich noch Einfluss auf die Fischerei zu nehmen.

Die Schellfischsaison auf der Fugløybank war inzwischen zu Ende gegangen, und die „Rubin" versegelte Anfang April in die Barentsee. Zuvor lief das Schiff aber Hammerfest an und nahm den neuen Nautischen Inspektor der Boyd-Reederei, John W. Williams, an Bord. Der hatte nach vier Tagen Fangbetrieb in der Barentsee genug gesehen, ein Bild von den mangelhaften Fischereiqualitäten des Russen gewonnen und ließ sich von einem anderen Schiff der Boyd-Line abholen, das sich auf der Heimreise nach Hull befand.

„Ich wäre gern mit ihm von Bord gegangen, bin aber auf Bitten von Williams geblieben", sagt Schwier.

Was sich dann abspielte, dafür fand der Deutsche nur einen Ausdruck: „Eine hausgemachte Katastrophe."

Mit den Fängen, wie bei der Technik, die der Ex-Uboot-Kommandant nun einmal praktizierte, ging es, wie nicht anders zu erwarten, dramatisch bergab.

Ein weiterer Grund für den anhaltenden Misserfolg war, dass Nikolaj glaubte, was ihm seine russischen Freunde über UKW vorgaukelten: Sie kamen angeblich auf ihren Positionen auf weitaus bessere Ergebnisse als er. Dazu Schwier: „Die flunkerten ihm nur was vor. In Wahrheit fingen sie noch schlechter als wir." Weil aber ein Russe, wie es schien, einem Russen eher glaubt als einem erfahrenen deutschen Kapitän, stieß Schwier mit seinem Ratschlag, er möge doch die Fangmeldungen seiner Kollegen etwas kritischer bewerten, auf eisiges Schweigen. Warum, das erklärte ihm, als beide in einer ruhigen Minute unter sich waren, Alexander, der 1. Nautische Offizier:

„Auf einem russischen Schiff gibt es niemals eine Kritik an der Handlungsweise des Kapitäns."

Nikolaj blieb unbeirrt bei seinem Kurs. Er dampfte von einem Fangplatz zum nächsten, auf dem ein angeblicher Freund scheinbar so erfolgreich fischte, und nahm dafür weite, Zeit und Geld kostende Wege in Kauf, aber die Erträge blieben erbärmlich. Gleichzeitig sank insbesondere bei den wenigen englischen und polnischen Besatzungsmitgliedern („zwei exzellente polnische Ingenieure waren für die Maschine zuständig ...") die Stimmungstemperatur auf dem Vollfroster allmählich gegen den Gefrierpunkt.

Dann kam es knüppeldick. Das norwegische Küstenwachboot KV (Kystvakt) „Nordkapp" hielt die „Rubin" an und ließ von einer Fischereiinspek-

Ein Besuch mit peinlichen Folgen. Frau Leutnant und ihr Assistent bei einer norwegischen Fischereiinspektion auf dem russischen Trawler „Rubin" (Foto: privat)

torin im Leutnantsrang mit ihrem Assistenten eine Routinekontrolle durchführen, die für den Kapitän in einem Fiasko enden sollte. Die Inspektorin stellte an Hand der Logbücher zwei Verfehlungen fest und erbrachte dafür auch noch einen zweiten, unwiderlegbaren Nachweis: Am Satelliten-Plotter*) waren noch die Aufzeichnungen der gesamten Reise vorhanden. Kapitän Nikolaj hatte, als Bodo Schwier noch nicht an Bord war, in einem von den Norwegern zum Schutz junger Kabeljaubestände gesperrten Seegebiet zwei Hols gefischt.

Die „Nordkapp" schickte umgehend ein Prisenkommando auf die „Rubin" und stellte den russischen Kapitän unter Arrest. Bodo Schwier, nun wieder der Chef auf der Brücke, erhielt die Order, das Schiff nach Hammerfest zu bringen. Kurs und Geschwindigkeit wurden ihm exakt vorgegeben. Die

---

*) Der Plotter (engl. für Zeichner, Drucker) ist ein modernes Kurs- und Fahrtaufzeichnungsgerät, das auf den Messdaten des gegenwärtig für die Schifffahrt wichtigsten Satelliten-Navigationssystems GPS (Global Positioning System) arbeitet. Das Gerät zeichnet („plotted") automatisch jede Kurs- und Geschwindigkeitsveränderung auf und macht sie damit auch im Nachhinein abfragbar. Folglich lassen sich auch das Ausbringen und Einholen des Fanggeschirrs exakt nachweisen.

„Nordkapp" dampfte zunächst in nördliche Richtung, um ihren Hubschrauber aufzunehmen, und hatte die „Rubin" nach drei Stunden wieder eingeholt. Gegen 20 Uhr lief der Heckfänger im Kielwasser der „Nordkapp" in den Hafen von Hammerfest ein.

Am nächsten Tag verurteilte ein norwegisches Gericht die „Rubin" zu einer Geldstrafe von 35 000 englischen Pfund, ließ aber andererseits Nachsicht walten: Fanggeschirr und Fang wurden nicht beschlagnahmt.

„Aus meiner Sicht eine sehr milde Strafe", so sieht es Schwier. „Bei einem deutschen Schiff wäre sie sicherlich um ein Vielfaches höher ausgefallen." Wie viel der russische Kapitän selbst zahlen musste, hat Schwier nie erfahren.

Weil die 35 000 englischen Pfund noch am gleichen Tag bei den Norwegern eingingen, konnte die „Rubin" unverzüglich Hammerfest verlassen und zum Fangplatz zurück dampfen. Nachdem der „gute Seemann" Nikolaj auch noch zwei Fanggeschirre verloren hatte, riss endgültig der Geduldsfaden bei der russisch-englischen Joint-Venture-Reederei: Sie entband den Ex-Uboot-Kommandanten von seinen Funktionen und setzte Schwier als Kapitän ein. Seitdem meldete die „Rubin" wieder Fangergebnisse, die sich sehen lassen konnten. Ende Mai ging er in Tromsö von Bord und reiste heim nach Petershagen.

Das war das Ende einer Nothilfe aus Freundschaft zu einem englischen Reeder und einer langen Laufbahn als Fischdampferkapitän.

QUELLEN
Bodo Schwier, Petershagen-Wasserstraße
Dr. Albrecht Sauer, DSM

Der Arbeitskreis Geschichte der deutschen Hochseefischerei

Die große Zeit der deutschen Hochseefischerei ist vorbei. Doch noch gibt es Zeitzeugen, die einen erheblichen Teil ihrer Geschichte miterlebt und mitgestaltet haben. Der Anfang 1997 am Deutschen Schiffahrtsmuseum gegründete Arbeitskreis Geschichte der deutschen Hochseefischerei hat sich zum Ziel gesetzt, der Erforschung der Fischereigeschichte durch eine intensive Arbeit mit Zeitzeugen neue Impulse zu geben. So konnten zahlreiche Interviews geführt werden, die schon jetzt zur Grundlage für neuere Forschungsarbeiten zur Sozialgeschichte der Fischerei geworden sind. Ebenso konnten Archive von Reedereien, Institutionen und Privatpersonen für die Forschung gesichert werden. Die enge Zusammenarbeit von Mitarbeitern der Fischerei und Fischwirtschaft sowie der wissenschaftlichen Fischereigeschichte erlaubt nicht nur einen Blick auf die persönlichen Bestandteile der Geschichte der deutschen Hochseefischerei, die sonst oft der Forschung verschlossen bleiben, sondern ermöglichte auch solche Projekte wie die national und international weit beachtete Errichtung einer Gedenkstätte für die deutsche Hochseefischerei in Vík í Mýrdal an der Südküste Islands.

Regelmäßige Tagungen in Bremerhaven und Rostock bilden die Grundlage dieser Arbeit, die durch Vorträge, Ausstellungen und Publikationen auch einer breiteren Öffentlichkeit zugänglich gemacht wird.

Arbeitskreis Geschichte der deutschen Hochseefischerei
c/o   Deutsches Schiffahrtsmuseum
       Hans-Scharoun-Platz 1
       27568 Bremerhaven

Gedenkstätte für die deutsche Hochseefischerei in Vík í Mýrdal (Foto: Heidbrink)

Der Autor Hans Petersen, Jahrgang 1927, erlernter Beruf: Redakteur, arbeitete ab 1947 für den Weser-Kurier in Bremen, ab 1950 für die Nordsee-Zeitung in Bremerhaven. Im Herbst 1973 wurde er mit der Geschäftsführung der Stadthalle Bremerhaven betraut. Dieses Amt übte er bis zum Eintritt in den Ruhestand am 31. Dezember 1989 aus. Anschließend leistete Petersen freiberuflich die Pressearbeit für das Deutsche Schiffahrtsmuseum und betreut dabei insbesondere den Arbeitskreis Geschichte der deutschen Hochseefischerei seit dessen Gründung. Veröffentlichungen: u.a. Textteil des Bildbandes „Sail '86" sowie „Im Würgegriff des Schwarzen Frostes".